Michael Muermann

Musto, Sahhe und Ousso ...

Man hat sie ihrer Namen beraubt: aus dem Kurden Musto sollte der Türke Mustafa werden, aus seiner Frau Sahhe Şahhanım, aus seinem Sohn Ousso Hüssein ... Das Land Kurdistan gibt es auf der Landkarte nicht mehr. Schon 1930 erklärte der türkische Justizminister, der Türke sei der alleinige Herr, der einzige Gebieter über dieses Land. Die, die nicht rein türkischer Abstammung seien, hätten in der Türkei nur das Recht, Diener zu sein, Sklave zu sein.

Musto, Sahhe und ihre Kinder sind Kurden geblieben. Sie stammen aus dem Bergdorf Kortu in der Provinz Dersim, zählen zum Stamm der Alu und sprechen Zazaca, einen kurdischen Dialekt. Obwohl sie weitgehend von der Außenwelt abgeschnitten leben, spüren sie doch am eigenen Leib, wie ihr Volk unterdrückt wird. So wird ihren Kindern täglich in der Schule eingebläut, sie dürften nur Türkisch reden.

Das Buch beschreibt die Geschichte einer Bauernfamilie über einen Zeitraum von mehr als 30 Jahren. Es schildert das Dorfleben, den Alltag. Es stellt dar, warum zunächst der Vater, dann aber auch andere Familienangehörige Kortu verlassen müssen, die Familie auseinandergerissen wird ... und sich erst nach Jahren wieder zusammenfinden kann, in der Fremde. Doch die Zeit der Trennung hat Spuren hinterlassen. Musto meint, sie habe seine Familie kaputtgemacht.

Über den Autor

Michael Muermann, geboren 1955 in Berlin, lebte längere Zeit in einem arabischen Dorf und in England. Seit 1979 ist er in der Ausländerarbeit tätig.

Michael Muermann

Musto, Sahhe und Ousso ...

Eine Geschichte aus Kurdistan

Lamuv Verlag

CIP-Kurztitelaufnahme der Deutschen Bibliothek

Muermann, Michael:
Musto, Sahhe und Ousso . . . : e. Geschichte aus Kurdistan /
Michael Muermann. - Bornheim-Merten : Lamuv Verlag, 1984.
ISBN 3-88977-004-5

Bitte fordern Sie unser Gesamtverzeichnis an, das Ihnen zweimal jährlich kostenlos zugeschickt wird.

1. Auflage, 1.–5. Tausend, Februar 1984

Lektorat: Karl-Klaus Rabe
Karte: Harald Walla
Umschlagentwurf: Gerhard Steidl unter Verwendung eines Fotos der dpa
Gesamtherstellung: Steidl, Düstere Straße 4, 3400 Göttingen
ISBN 3-88977-004-5

Inhaltsverzeichnis

Einleitung

Diese Geschichte aus Kurdistan begann für mich im Herbst 1979 in einem türkischen Lokal in Mannheim.* Hier lernte ich Mustafa kennen – so hatten ihn jedenfalls die anderen Männer genannt. Wir spielten zusammen Tavla und kamen ins Gespräch. Er erzählte über seine Arbeit in der Stadt und über seine Heimat. Er stammt aus der Ost-Türkei. Später, als wir uns wieder trafen und er mich zu seiner Familie nach Hause einlud, erfuhr ich mehr über ihn.

Mustafa heißt in seiner Sprache Musto. »Wir müssen gegenüber unseren türkischen Landsleuten vorsichtig sein«, sagt er. Er lebt schon einige Jahre in der Bundesrepublik und hat seine Frau Sahhe und seine sieben Kinder nachgeholt. Die Özgans, so ihr Familienname, sind Kurden.

In der folgenden Zeit bin ich immer häufiger bei ihnen zu Besuch. Es entsteht eine enge Freundschaft zwischen der Familie und mir. Sie erzählen mir die Geschichte ihres Volkes, das zu einem der ältesten im Nahen Osten zählt und jahrhundertelang unterdrückt und verfolgt worden ist. Sie sprechen darüber wie ihr Land Kurdistan aufgeteilt und ihre Sprache verboten wurde. Und dann berichten sie über ihr eigenes Leben.

Musto und Sahhe wurden in Kortu geboren, einem kleinen Dorf in den Bergen Türkisch-Kurdistans. Sie wuchsen gemäß den alten Traditionen ihres Stammes auf und wurden Anfang der dreißiger Jahre Augenzeugen der ersten Kurdenaufstände. Sie heirateten und bekamen Kinder. Ousso war der erste, dann kam die Tochter Eme, die Söhne Durso und Alo und schließlich die Töchter Fate, Asme und Hene. 20 Jahre lebten die Özgans als Bauern und Hirten in der Abgeschiedenheit Kortus. Ende der sechziger Jahre zwang die wachsende Armut die Familie, ihr Dorf zu verlassen. Der Vater ging in die Fremde, in die Bundesrepublik. Seine Frau und seine Kinder zogen inzwischen in die Provinzhauptstadt Tunceli, von Kurden Dersim genannt, wo es in den siebziger Jahren zu zahlreichen kurdischen Demonstrationen kam. Die Kinder machten hier ihre ersten politischen Erfahrungen.

---

* Alle Namen und Orte wurden geändert.

Sieben Jahre der Trennung vergingen, bis der Vater alle Familienangehörigen nach Mannheim holen konnte. In der Bundesrepublik sind sie zu »Ausländern« geworden und haben erlebt, was mit ihrem Volk geschehen ist, nachdem in der Türkei eine Militärjunta die Macht übernahm.

Die Berichte der Özgans haben mich betroffen gemacht. Ebenso die Tatsache, daß Hunderttausende von Kurden nahezu unbemerkt in der Bundesrepublik leben und nur wenig über ihr Volk bekannt ist. So entstand die Idee, die Geschichte dieser kurdischen Familie aufzuschreiben.

Als die Özgans zustimmten, befragte ich sie zu allen Einzelheiten ihres Lebens, um ein möglichst geschlossenes Bild erstellen zu können. Wichtig war mir dabei, sowohl mit allen Familienmitgliedern einzeln zu sprechen als auch in verschiedener Zusammensetzung. Erinnerungslücken sollten ausgeglichen und viele unterschiedliche Eindrücke festgehalten werden.

Abgesehen von dem Kapitel über Kurdistan stammen daher alle Angaben von der Familie selbst. Es kommt vor, daß manche Daten variieren. Die Özgans konnten sich nicht mehr an alles genau erinnern. Außerdem hat es in Kortu früher keine Uhren und Kalender gegeben. Da die kurdische Sprache bis heute in der Türkei verboten ist und die Grundlagen für eine kurdische Rechtschreibung fehlen, war es der Familie unmöglich, eine richtige kurdische Schreibweise anzugeben. Alle Namen mußten folglich mit ähnlich klingenden deutschen oder türkischen Buchstaben wiedergegeben werden.

Natürlich entstanden bei meiner Arbeit viele Probleme. Bei den Özgans traten zum Beispiel Konflikte zwischen Jungen und Mädchen auf, was ihr Rollenverhalten angeht. Ich selbst als Mitteleuropäer hatte die Schwierigkeit, genügend Einfühlungsvermögen für diese gänzlich andere Lebenswelt aufzubringen. Was uns aber sicherlich geholfen hat, war das gegenseitige Vertrauen. Fate meinte jedoch am Ende: »Ob uns auch all die anderen Menschen verstehen werden, diejenigen, die soviel Brot zu essen haben?«

Kurdistan

Kurdistan

Kurdistan ist heute auf fünf Länder verteilt: die Türkei, Syrien, den Irak, den Iran und die UdSSR (Armenische, Georgische und Azerbeidschanische SSR). Hier leben zusammen etwa 20 Millionen Kurden. Türkisch-Kurdistan nimmt hiervon flächenmäßig den größten Teil ein. Es liegt im Osten der Republik Türkei und umfaßt 19 der 67 Provinzen des Landes. Dies sind Adiyaman, Agri (Ararat), Bingöl, Bitlis, Diyarbakir, Elazig, Erzincan, Erzurum, Gaziantep, Hakkarı, Kars, Malatya, (Kahraman-)Maraş, Mardin, Muş, Siirt, Tunceli (Dersim), Urfa und Van.

Mit rund 225 000 Quadratkilometern - die Bundesrepublik ist geringfügig größer - machen diese Provinzen knapp 30 Prozent der gesamten Fläche der Türkei aus. Die Zahl der hier lebenden Kurden beläuft sich auf etwa sieben bis acht Millionen (25 Prozent der Bevölkerung der Türkei). Darüber hinaus gibt es rund eine Million Angehörige nicht-kurdischer Nationalitäten: Araber, Armenier, Tscherkessen, Azerbeidschaner und andere.

Die kurdische Bevölkerung besteht dabei zu etwa 70 Prozent aus seßhaften Bauern, 28 Prozent Stadtbewohnern und zwei Prozent nomadisierender Stämme. Sie sprechen die kurdischen Dialekte *Kurmanci* und *Demili* (hierzu zählt die Mundart *Zazaca*), die sich stark voneinander unterscheiden und deshalb auch nur bedingt eine Verständigung untereinander zulassen. Das gleiche gilt gegenüber den kurdischen Dialekten in Iran und Irak.

Die Mehrheit aller Kurden in der Türkei sind Aleviten und bekennen sich damit zum Schiitentum, einer reformierten Religionsauffassung des Islam. Eine Minderheit sind dagegen Anhänger des Sunnitentums, des orthodoxen Islam, der auch die Religion der Türken ist. Unter kleinen Kurdenstämmen, die im Grenzgebiet zum Irak und Iran siedeln, ist darüber hinaus noch die Lehre von Zarathustra verbreitet.

Die Geschichte des kurdischen Volkes

Die Geschichte Kurdistans ist die Geschichte fortwährender Teilungen und Unterdrückung. Sie beginnt im 7. Jahrhundert vor unserer Zeitrechnung - 2 000 Jahre vor der Gründung des Osmanischen Reiches -, als die Kurden als Nachfahren der Meder oder der Skyten (hier sind sich die Historiker nicht einig) in Gebiete einwandern, die weitgehend dem heutigen Kurdistan entsprechen. Sie sind großenteils Nomaden.

Das Gebiet wird deshalb häufig zum Kriegsschauplatz, da es im Schnittpunkt großer Weltreiche liegt (u.a. Babylonien und Meder), die um die hier zusammentreffenden asiatischen Handelsstraßen kämpfen.

Die Kurden werden ansässig und errichten feudale Königreiche, die eine blühende Wirtschaft entwickeln. Ihre Sprache ist mit der persischen verwandt (indo-europäisch), stellt aber eine eigenständige Sprache mit einem eigenen Alphabet und einer eigenen Grammatik dar. Ihre Religion entlehnen sie zum einen von den Armeniern (Christentum), zum anderen wird von den Persern der Glaube an Zarathustra übernommen.

Die eigenständige Lebensform bleibt bis zum 7. Jahrhundert nach Christus bestehen, dann werden diese Königreiche von den vorrükkenden Arabern besetzt und in die mohammedanischen Kalifate eingegliedert. Dabei werden sie größtenteils der mohammedanischen Religion zwangsüberführt. In der Folgezeit werden dennoch relativ autonome kurdische Fürstentümer eingerichtet, die die Einfälle der Seldschuken im 11. Jahrhundert und die Gründung des Osmanischen Reiches im 13. Jahrhundert überdauern und bis zum Anfang des 17. Jahrhunderts diesen Status behalten. Dies allerdings nur durch die Anerkennung der Vorherrschaft des osmanischen Sultans. Im 17. Jahrhundert werden sie in das Osmanische Reich eingegliedert undd verlieren ihre Autonomie.

Von diesem Zeitpunkt bis zum Anfang des 20. Jahrhunderts (Dauer des Osmanischen Reiches) ist das Verhalten der Herrscher gegenüber den Kurden zwiespältig. Einmal gibt es Zeiten, in denen den Kurden eine gewisse kulturelle Identität gewährt wird (Sprache, Schulen, Vereinigungen - wobei Kurdisch nie Amtssprache war), andererseits finden Massenumsiedlungen von Kurden statt, ihre Kulturhoheit wird aufgehoben und eine gezielte wirtschaftliche Verelendung produziert. Gegen diese osmanische Unterdrückungspolitik entsteht im 19. Jahrhundert zum erstenmal eine kurdische Nationalbewegung, die in zahlreichen Aufständen ihren Niederschlag findet. Sie wird einerseits geführt von kurdischen Fürstenhäusern und Großgrundbesitzern, soweit diese noch bestehen, auf der anderen Seite durch die kurdische Bevölkerung. Die übermächtigen Militärs des Osmanischen Reiches schlagen die Aufstände jedoch alle nieder.

Zu Beginn des 20. Jahrhunderts, 1907/1908, erzwingt die Jung-Türkische Revolution die Abdankung des Osmanischen Sultans. In der ersten Zeit danach gibt es für die Kurden Hoffnung auf mehr Eigenständigkeit und Freizügigkeit, da die kurdische Sprache, Publikationen und Vereinigungen erlaubt werden. Doch bald werden ihnen diese Rechte wieder genommen. 100 000 Kurden werden in den westlichen Teil des Landes zwangsumgesiedelt, Nahrungsmittel beschlagnahmt, Hungersnöte inszeniert. Ähnlich ergeht es den Armeniern, an denen 1915 Völkermord begangen wird: 1 000 000 Armenier werden von den Türken ermordet.

Bestimmend für die weitere Situation der Kurden ist zunächst der Ausgang des Ersten Weltkrieges, in dem das Osmanische Reich an der Seite von Deutschland besiegt wird. Es wird daraufhin unter den Siegermächten Griechenland, England, Frankreich und dem zaristischen Rußland aufgeteilt. Im Friedensvertrag von Sevres (1920) wird den Armeniern und den Kurden nationale Autonomie versprochen.

Gegen die Besetzung der Türkei entsteht eine nationale Befreiungsbewegung unter Kemal Atatürk, die einen souveränen türkischen Staat zum Ziel hat. Atatürk ist auf alle nationalen Kräfte im Land angewiesen, um gegen die Besatzungsmächte kämpfen zu können, und ein Großteil der Kurden kämpft in der nationalen Befreiungsbewegung mit, vor dem Hintergrund des Versprechens, nach Ausrufung des zukünftigen türkischen Staates einen gleichberechtigten Status neben den Türken zu erhalten. Ein kleinerer Teil von ihnen wird zusammen mit den Armeniern von den Besatzern gegen die Befreiungskämpfe eingespannt, ebenfalls mit dem Versprechen, unter ihrer Vorherrschaft eigene Protektorate zu erhalten.

Nach dreijährigem Befreiungskrieg werden die Besetzer besiegt, und 1923 wird unter Atatürk die Republik ausgerufen. Der türkische

Außenminister stellt noch 1925 fest, »daß die Bevölkerung der türkischen Republik von zwei Völkern gebildet wird: den Türken und den Kurden, und diese beiden Gruppen regieren gemeinsam das Land«.

Unmittelbar danach vollzieht die kemalistische Politik eine radikale Wende hin zu einem starken türkischen Nationalismus. Mit der Begründung, daß die Kurden der türkischen Befreiungsbewegung durch Zusammenarbeit mit den imperialistischen Mächten in den Rücken gefallen seien, setzt eine Unterdrückungspolitik gegen die Kurden ein, die die Existenz des kurdischen Volkes und seiner Kultur konsequent leugnet. 1930 äußert der türkische Justizminister, daß »der Türke der alleinige Herr sei, der einzige Gebieter über dieses Land« und daß »die, die nicht rein türkischer Abstammung seien, in diesem Land nur das Recht hätten, Diener zu sein, das Recht, Sklave zu sein«.

Gegen diese Unterdrückung finden drei kurdische Aufstände statt: 1925, 1930/31 im Gebiet des Ararat und 1938 in der Provinz Tunceli. Sie werden alle vom türkischen Militär blutig niedergeschlagen und mit Folterungen und Massenhinrichtungen beantwortet. Im Rahmen der folgenden systematischen türkischen Assimilierungspolitik werden Kurden nur noch verachtend »Bergtürken« genannt, ihr Land nur noch »Dogu« (was soviel heißt wie »Osten«). Die kurdische Sprache wird verboten, kurdische Schulen geschlossen, Vereinigungen verboten. Der Name Kurdistan wird aus allen Landkarten getilgt, kurdische Städte- und Familiennamen umbenannt in türkische. Kurden werden zu Hunderttausenden umgesiedelt, dafür Türken angesiedelt. Es finden keine Volkszählungen mehr nach Nationalitäten statt.

Bis heute kommt es zu zahlreichen Verhaftungen, Erschießungen und Folterungen. Außerdem werden in dieser Gegend häufig stattfindende Erdbeben dazu ausgenutzt, die kurdische Bevölkerung verelenden zu lassen, indem zum Beispiel internationale Hilfsgüter der Bevölkerung vorenthalten werden.

Die Türkei, selbst ein unterentwickeltes Land, betreibt in sozialer und wirtschaftlicher Hinsicht eine systematische Unterentwicklungspolitik gegenüber der kurdischen Region. Es fließen kaum staatliche Investitionen in den Osten des Landes, wo die Landwirtschaft bis heute kaum mechanisiert ist. Es wird keine Industrie angesiedelt, und es gibt kein ausgebautes Straßennetz. Kurdistans Rohstoffquellen werden von den Türken ausgebeutet. Erdöl, Eisenerze und Chrom werden in den Westen des Landes transportiert und dort weiterverarbeitet. Die größten Staudämme versorgen einen Großteil des Westens mit Strom. Von beidem profitieren die Kurden nicht.

Zusätzlich wird Kurdistan von kurdischen Großgrundbesitzern ausgebeutet, die mit den türkischen Behörden zusammenarbeiten. Etwa 2,4 Prozent aller kurdischen Bauernfamilien besitzen etwa 34 Prozent der gesamten landwirtschaftlichen Nutzfläche, wohingegen 38 Prozent der kurdischen Familien kein Land besitzen. Kurdistan leidet besonders stark unter der dauernden Wirtschaftskrise der Türkei: die jährliche Inflationsrate stieg von 1970 bis 1980 von 6,7 auf 106 Prozent. Es gibt sehr wenig Schulen, die Analphabetenrate beträgt 70 Prozent gegenüber dem Landesdurchschnitt von 50 Prozent. Die Gesundheitsversorgung ist katastrophal.

Als Folge der sozialen und wirtschaftlichen Unterentwicklungspolitik gibt es eine starke Abwanderung aus den kurdischen Dörfern in die Städte, in den Westen des Landes und ab 1960 ins Ausland. 1971 waren von 400 000 Türken, die als Gastarbeiter in die Bundesrepublik kamen, 60 000 Kurden.

Die Unterdrückung der Kurden ist gleichzeitig militärisch abgesichert. Kurdistan besitzt militärstrategische Bedeutung, da es als östlicher Teil der Türkei die Südost-Flanke der NATO darstellt. Hier sind US-amerikanische und türkische Truppen an der Grenze zur Sowjetunion stationiert und kontrollieren gleichzeitig die kurdische Bevölkerung.

Der Führer des türkischen Militärputsches vom 27. Mai 1960, Gürsel, meint in einer Ansprache im kurdischen Diyarbakir: »Ihr seid echte Türken und keine Kurden! ... Es gibt in der Welt keine Nation, die sich kurdische Nation nennt. Spucken Sie denen ins Gesicht, die sich Kurden nennen.« Und: »Wenn diese unverbesserlichen Bergtürken nicht ruhig bleiben, wird die Armee nicht zögern, ihre Städte und Dörfer zu bombardieren und zu zerstören. Es wird ein solches Blutbad geben, daß es sie verschlingen wird, sie und ihr Land.«

In den sechziger Jahren nehmen gleichfalls Angriffe der türkischen Faschisten und Panturanisten gegen die Kurden zu. Aleviten, die Kurden sind, sind in deren Augen »gottlose Kommunisten, sexuelle Ungeheuer und Heiden«. Hiergegen und gegen die offizielle Regierungspolitik finden trotz Verbot kurdische Demonstrationen statt.

Besonders verfolgt werden die Kurden in den Zeiten der Militärputsche von 1960 und 1971. Kriegsrecht wird auch über die kurdischen Provinzen verhängt. Massenhaft werden Kurden verhaftet, 1971 unter anderen der bekannte Autor Yaşar Kemal und der Regisseur Yılmaz Güney, die im Ausland meist für Türken gehalten werden, jedoch Kurden sind. Türkische Soldaten und *Jandarmas* starten Terrorüberfälle auf kurdische Dörfer. 1978 werden Tausende Kurden von türkischen Faschisten und Islamiten in Kahramanmaraş ermordet.

Zurückgehend auf die Zeit nach dem Zweiten Weltkrieg vollzieht die kurdische Widerstandsbewegung eine politische Wende. Sie richtet sich sozialistisch aus, bleibt jedoch innenpolitisch weiterhin isoliert und muß über viele Jahre hinweg im Untergrund arbeiten. Erst zu Beginn der siebziger Jahre kommt eine teilweise Annäherung zu der türkischen Linken zustande, die jedoch lange von heftigen ideologischen Auseinandersetzungen überschattet wird. Zahlreiche Demonstrationen, vor allem im Ostteil der Türkei, werden abgehalten und machen erneut auf die bedrückende Lage der Kurden aufmerksam.

Dies alles, wie das gesamte übrige politische Leben im Land, bricht zusammen, als im September 1980 das türkische Militär putscht und die Macht übernimmt. Alle kurdischen und fortschrittlichen Organisationen werden zerschlagen, Massenverhaftungen erfolgen, Schauprozesse werden abgehalten. Hauptanklagepunkte sind Separatismus und kurdische sowie kommunistische Propaganda. Tausende Kurden werden zu langjährigen Haftstrafen verurteilt, gegen Hunderte von ihnen die Todesstrafe beantragt.

Bis heute berichten Amnesty International und die Internationale Juristenkommission mit Regelmäßigkeit über eine systematische Anwendung von Folter und schwerste Verletzungen in strafrechtlichen Verfahren.

Die Provinz Tunceli

Tunceli - kurdisch: Dersim - ist eine der 67 Provinzen der Türkei. Sie liegt im bergreichen Ostanatolien im Gebiet des Inneren Taurus zwischen den Quellflüssen vom westlichen und östlichen Euphrat (Firat). Nach Ankara sind es von hier aus etwa 600 Kilometer Luftlinie in westlicher Richtung und bis zur Grenze zum Iran etwa 350 Kilometer nach Osten hin. Umgeben ist Tunceli von den Nachbar-Provinzen Erzincan im Norden und Westen, Elazig im Süden und Bingöl im Osten.

Mit einer Gesamtfläche von rund 100 Quadratkilometern und einer Bevölkerungsdichte von etwa 20 Einwohnern pro Quadratkilometer gehört Tunceli zu den kleineren Provinzen und den am schwächsten besiedelten Gebieten der ganzen Türkei. Die weitaus größte Bevölkerungsgruppe bilden die Kurden, die sich in mehrere Stämme gliedern. Hierzu zählen unter anderen die Demanu*, Heydaru* und Ousvo, die westlich des Harçik siedeln, die Stämme der Alu und der Arasu östlich des Flusses, die Chansku um die Stadt Mazgirt und die Avasu* um die Provinzhauptstadt Tunceli. Daneben gibt es einige Armenier, die über die ganze Provinz verstreut leben, und Türken, die hauptsächlich in der Provinzhauptstadt ansässig sind. Beide zusammen machen etwa zwei bis drei Prozent der Gesamtbevölkerung aus.

Verwaltungsmäßig ist die Provinz in acht Distrikte aufgeteilt: Pülümür im Norden, Cemişgezek, Hozat und Ovacek im Westen, Pertek im Süden, Nazimye und Mazgirt im Osten und Tunceli, die Provinzhauptstadt, im Zentrum. Das Dorf Kortu - türkisch: Meşeyolu - gehört zum Distrikt Tunceli.

---

* Diese Stämme waren an den Kurden-Aufständen von 1938 beteiligt.

Meşeyolu – das Dorf der Özgans (1950-1973)

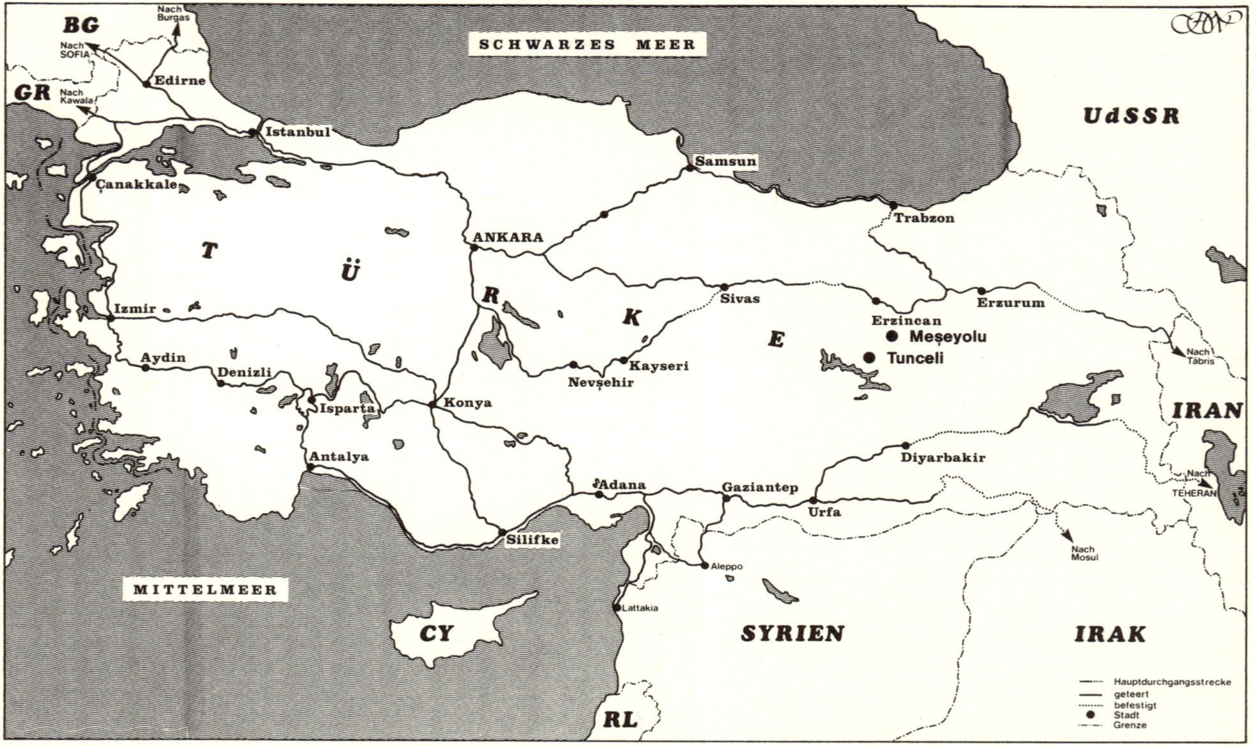
SCHWARZES MEER
BG
GR
Nach Burgas
Nach SOFIA
Nach Kawala
Edirne
Istanbul
Çanakkale
Samsun
Trabzon
UdSSR
ANKARA
T
Ü
R
K
E
Izmir
Aydin
Denizli
Isparta
Konya
Antalya
Sivas
Erzincan
Erzurum
Meşeyolu
Tunceli
Kayseri
Nevşehir
Nach Täbris
IRAN
Diyarbakir
Nach TEHERAN
Adana
Gaziantep
Urfa
Silifke
Aleppo
Nach Mosul
MITTELMEER
Lattakia
CY
SYRIEN
IRAK
RL
Hauptdurchgangsstrecke
geteert
befestigt
Stadt
Grenze

Eine Siedlung in den Bergen

Ein Steinpfad in die Hochtäler

Rund 25 Kilometer nordöstlich der Provinzhauptstadt Tunceli liegt Meşeyolu in der unzugänglichen Berggegend zwischen Kirklar Daĝi und Kargöl Dagları etwa 1 500 bis 2 000 Meter hoch. Den einzigen Zugangsweg zur Außenwelt für Meşeyolu bildet ein schmaler Steinpfad, über den die Fernverkehrsstraße Tunceli - Erzincan nur zu Fuß oder mit Maultieren zu erreichen ist.

Diese Gegend war früher sehr waldreich und fruchtbar. Steigender Brennholzbedarf der Dorfbewohner führte jedoch in den fünfziger und sechziger Jahren dazu, daß die umliegenden Berge weitgehend baum- und strauchlos wurden und als Folge davon die wenigen Felder und Weideflächen zunehmend verkarsteten. Nur noch im Dorf selbst wachsen einige Pappeln, Eichen, Nuß-, Maulbeer- und Apfelbäume, die den Einwohnern als Schattenspender und Nutzpflanzen dienen.

Die abgeschiedene Lage dieser kleinen Siedlung bewirkt, daß sie weitgehend von der Natur und den klimatischen Bedingungen abhängig ist. So ist das Dorf in den Wintermonaten von November bis März durch starke Schneefälle und große Kälte von jeder Außenverbindung abgeschnitten. Der nur kurze Frühling im April dagegen führt zu einigen heftigen Regenfällen, die die Siedlung teilweise überschwemmen. In den anschließenden Sommermonaten, die sehr heiß und trocken sind, verlagert sich das dörfliche Leben weitgehend auf die Felder und Weideplätze der Umgebung.

Jedes Jahr wird die Gegend von zwei bis drei kleineren Erdbeben erschüttert, die jedoch bisher zu keinen größeren Schäden geführt haben.

Aus Kortu wurde Meşeyolu

Seit seinem Bestehen haben in diesem Dorf ausschließlich kurdische Bauernfamilien gelebt. Sie gaben ihm - in ihrer Sprache - den Namen »Kortu«.

Einen tiefgreifenden Wandel brachte das Jahr 1938, als in weiten Teilen der Provinz Tunceli große Kurdenaufstände gegen die türkische Unterdrückungspolitik ausbrachen. Die Folge war nicht nur deren Niederschlagung durch türkische Armee-Einheiten, die Zerstörung zahlreicher kurdischer Dörfer sowie die Ermordung und Vertreibung ihrer Einwohner, sondern auch eine Politik, die die systematische Umbenennung aller kurdischen (und armenischen) Dorfnamen in das Türkische vorsah. Von letzterem war Kortu betroffen. Obwohl die Einwohner des Dorfes an diesen Aufständen nicht beteiligt waren (wohl aber an solchen Anfang der dreißiger Jahre) und in dieser Zeit teilweise sogar mit türkischen Behörden zusammengearbeitet hatten, wurde es 1939 von türkischen Soldaten besetzt. Der türkische General Hüssein Abdullah Pascha erklärte der versammelten Dorfgemeinde, daß nicht Kortu, sondern das türkische »Körtani Ülga« der »richtige« Dorfname sei (was soviel wie »geblendet durch die über den Bergen aufgehende Sonne« bedeutet). 1960 erlebte das Dorf auf dem Verwaltungsweg eine weitere und bislang letzte Namensänderung. Der türkische Name ist nun »Meşeyolu« (Eichenweg).

In der Umgangssprache der Dorfbevölkerung haben sich diese beiden türkischen Namen jedoch nie durchgesetzt; bis heute bezeichnen sie ihr Dorf mit dem alten kurdischen Namen Kortu.

Sie gehören zum Stamm der Alu

In Meşeyolu wohnen etwa 110 kurdische Familien mit durchschnittlich acht bis zehn Personen pro Haushalt. Zu den größten Familien zählt dabei eine mit 14 Kindern. Die Geschlechterverteilung ist unter der Dorfbevölkerung insgesamt ausgeglichen. Im Dorf leben jedoch erheblich mehr Kinder und Jugendliche als Erwachsene. Die Einwohnerzahl schwankt allerdings aufgrund einer hohen Geburtenrate und vieler Sterbefälle im Kindesalter sowie wegen der gegen Ende der sechziger Jahre einsetzenden starken Abwanderung in die Provinzhauptstadt.

Das durchschnittliche Heiratsalter, das bei Frauen und Mädchen in aller Regel unter dem der Männer liegt, war früher bei 13 bis 14

Jahren und hat sich in den sechziger Jahren auf 16 bis 18 Jahre verschoben.

Im Dorf ist ein einziger Fall von Polygamie bekannt: ein kurdischer Mann ist mit zwei Frauen verheiratet. Die monogame Ehe ist die Regel.

Wie alle kurdischen Bauern dieser Gegend östlich des Harçik gehören auch Meşeyolus Einwohner dem Kurdenstamm der Alu an.

Kein Strom, keine Wasserleitung, kein Brunnen

Meşeyolu besteht aus drei Ortsteilen, die in früheren Zeiten einzelne Dörfer waren, in den sechziger und siebziger Jahren jedoch zu einem einzigen Dorf zusammengewachsen sind: Kortu, Şesaru und Mirjalu. Die Namen leiten sich wahrscheinlich von alten kurdischen Stammesfamilien ab, die diese Siedlungen gegründet haben.

Das ganze Dorf besteht aus etwa 150 einstöckigen einfachen Steinhäusern mit flachen Erddächern, in denen Menschen und Tiere in zwei oder drei Räumen untergebracht sind.

Gebaut ist Meşeyolu auf steinigem Grund, auf dem außer einigen Laub- und Obstbäumen, die zwischen den Häusern stehen, nichts wächst. Es sind auch keinerlei Wege angelegt. Dies führt in den Wintermonaten dazu, daß durch Schnee- und Regenfälle immer wieder Kälte, Nässe und Feuchtigkeit in die Unterkünfte eindringen. Die heißen Sommermonate bringen dagegen - neben der Insektenplage und Ungeziefer - sehr viel Staub und Schmutz mit sich. Es gibt im Dorf keinen elektrischen Strom, keine Wasserleitung, auch keinen Brunnen. Die Bevölkerung deckt ihren Wasserbedarf durch einen Quellbach, der unterhalb von Mirjalu entlangfließt. Außerdem gibt es in ganz Meşeyolu - bis Ende der sechziger Jahre - keine Latrine.

Jede Familie besitzt vier, fünf Felder

Mit Ausnahme von drei oder vier Männern, die als Fahrer oder Händler in der Provinz unterwegs sind, leben alle Einwohner Meşeyolus von der Landwirtschaft. Dazu gehören hauptsächlich Getreideanbau und Schafhaltung. Traditionell besitzen dabei alle Familien eigene

Felder und bearbeiten sie auch selbst. Agas*, Pächter und Leiharbeiter gibt es im Dorf nicht. Geringer Besitzstand und schlechte Bodenverhältnisse zwingen jedoch viele Familien, auch Kinder ab vier oder fünf Jahren, schwangere Frauen und alte Männer mitarbeiten zu lassen. In den Sommermonaten lebt die Mehrheit der Familien – außerhalb des Dorfes – auf den Feldern und den umliegenden Berghängen, wo die Herden weiden.

Durchschnittlich besitzt jede Familie etwa vier bis fünf Felder, die rund um das Dorf verstreut sind. Die entfernteren liegen ein bis zwei Fußstunden vom Dorf weg. Zu den »Reichen« in Meşeyolu zählt eine Familie mit acht Feldern.

Angebaut werden hauptsächlich verschiedene Getreidesorten (Gerste, Hafer, Weizen). Da die Bodenerträge recht gering ausfallen und nur wenig Tiermist zum Düngen zur Verfügung steht, wurde ein Fruchtwechsel eingeführt. Bei der Feldarbeit stehen keine Maschinen zur Verfügung. Gepflügt wird mit einem Metallpflug und zwei Ochsen.

Einen kleinen Teil der Felder benutzt die Bevölkerung für den Gemüseanbau. Hier werden vor allem Tomaten, Gurken, Bohnen, Zwiebeln, Paprikaschoten, einige Auberginen und Kürbisse angepflanzt. Etwas Obst ernten die Familien von einigen Bäumen im Dorf.

An Tieren besitzt jede Familie durchschnittlich ein Maultier, zwei oder drei Kühe beziehungsweise Ochsen sowie mehrere Schafe, Ziegen und Hühner. Alle Herdentiere aus dem Dorf werden abwechselnd von einer Familie auf die Weideplätze in den Bergen geführt.

Die Erträge der Felder und des Viehs reichen in der Regel gerade, um die Ernährung der Familien das Jahr über und die Aussaat für das nächste Jahr zu sichern. In Notfällen, wenn zum Beispiel die Ernte schlecht ausgefallen ist oder im Haushalt irgend etwas fehlt, helfen sich die Nachbarn untereinander aus. Außerdem wird mit vielen Nahrungsmitteln getauscht und bezahlt. So erhält derjenige im Dorf, der gerade in der Mühle arbeitet, von den Bauern einen bestimmten Teil der gemahlenen Getreideernte.

Geld spielt eine geringe Rolle, da vieles, was die Familien für den täglichen Bedarf brauchen, selbst hergestellt wird. Die wenigen

* Großgrundbesitzer

Sachen, die man darüber hinaus benötigt, werden im Dorfladen gekauft. Einige Male im Jahr kommen auch Zigeunersippen, wandernde Händler und Kesselflicker mit ihren beladenen Maultieren ins Dorf und vergrößern das bestehende Angebot: es gibt billigen Schmuck, Kämme, Kinderspielzeug, einige Haushaltsgegenstände und Kleidung.

Zu Fuß oder mit dem Maultier

Wegen der unzugänglichen Lage des Dorfes müssen alle Arbeiten und Transporte zu Fuß oder mit dem Maultier erledigt werden. Kleinere Lasten werden als Bündel und in Körben auf dem Rücken oder mit Tragestangen transportiert. Wenn die Ernte von den Feldern eingeholt wird oder Brennholz von weitentfernten Bergen herangeschafft werden muß, benützt man Maultiere. In den Wintermonaten macht man sich den hohen Schnee zunutze, indem schweres Baumaterial (Baumstämme und Steine) auf Schlitten zum Dorf gezogen wird.

Nachbardörfer kann man nur über schmale Fußpfade erreichen. Muß man in dringenden Fällen nach Tunceli oder Erzincan, wird der etwa zehn Kilometer lange Fußweg zur Autostrecke benutzt. Von dort läßt man sich von Lkws oder Sammeltaxis in die Städte bringen.

In den Sommermonaten kommt die Post einmal in der Woche ins Dorf, in der Winterzeit in unregelmäßigen Abständen von ein bis zwei Monaten.

Heilkräuter und Aspirin

In der Gesundheitsversorgung ist das Dorf aufgrund seiner abgeschnittenen Lage seit jeher auf sich selbst gestellt. Den zahlreichen Krankheiten der Bevölkerung, die unter anderem auf eine ständige Unter- und Mangelernährung und schlechte hygienische Verhältnisse zurückzuführen sind, stehen weitgehend nur traditionelle Behandlungsmethoden gegenüber. Westliche Medikamente oder Geräte, wie zum Beispiel Fieberthermometer, sind unbekannt. Die einzige Ausnahme bilden Aspirin-Tabletten, die man neben Seife und Tabak im Dorfladen erhält.

Zu den verbreitetsten Krankheiten in Meşeyolu zählen Zahnerkrankungen, Kopfschmerzen, Hautkrankheiten (unter anderem Haarausfall), Augenkrankheiten (unter anderem Trachome) und Infektionskrankheiten wie Erkältungen, Magen- und Durchfallerkrankungen, Wundstarrkrampf, Tollwut, Masern, Scharlach und Röteln. Weiterhin gibt es einige Fälle von Tuberkulose, Kinderlähmung und Anfang der fünfziger Jahre auch Pocken. Von allen diesen Krankheiten sind besonders Kinder und Säuglinge betroffen, die gleichzeitig auch die höchste Sterblichkeitsrate aufweisen.

Da unter den Bauernfamilien starke Religiosität und Aberglaube verbreitet sind, werden Krankheiten, deren Namen man zum Teil gar nicht kennt, als schicksalhaft empfunden. Bei vermeintlich kleineren Krankheiten werden innerhalb der Familie - vor allem von Frauen - alte überlieferte Rezepte, unter anderem Heilpflanzen, angewendet. Bei schwierigen Krankheiten und Unfällen, beispielsweise bei Knochenbrüchen, werden »Spezialisten« im Dorf aufgesucht. Dies sind vor allem ältere Frauen und Männer, die sowohl unbekanntere Heilkräuter und Techniken als auch verschiedene abergläubische Rituale einsetzen. Nur in wirklich großen Notfällen entschließt man sich, den Patienten zum Arzt zu bringen. Der nächste, der vom Dorf aus zu erreichen ist, wohnt in der Provinzhauptstadt. Dagegen sprechen sowohl der überaus lange und beschwerliche Transport und die hohen Behandlungs- und Arzneikosten, denn niemand im Dorf ist krankenversichert, als auch die Scham - vor allem unter den Frauen -, sich von einem fremden Mann, dem Arzt, untersuchen zu lassen.

In Meşeyolu gilt es als wichtig, möglichst viele Kinder, vor allem Jungen, zu haben. Jede Frau bringt durchschnittlich zehn Kinder auf die Welt, Fehlgeburten eingeschlossen. Da alle Frauen bis kurz vor der Geburt arbeiten, entbinden sie unter einfachsten Bedingungen allein auf den Feldern oder im Haus. Manchmal sind Nachbarsfrauen dabei, um zu helfen. In vielen Fällen kommt es auf Grund der harten körperlichen Arbeiten zu Fehlgeburten.

Es gibt einige Frauen im Dorf, die nach mehreren Geburten, entgegen dem Willen ihres Mannes, keine Kinder mehr haben wollen. Sie treiben dann heimlich ab, indem sie sich mit Steinen gegen den Unterleib schlagen oder Stöcke in die Gebärmutter einführen.

Verhütungsmittel sind bis Ende der sechziger Jahre weitgehend unbekannt und stehen im Widerspruch zur Tradition. Als in diesen

Jahren ein Film über Familienplanung im Dorf vorgeführt wird und in der Nachfolgezeit Verhütungsmittel vereinzelt benutzt werden (nur von Frauen), werden diese aus Unkenntnis vielfach falsch angewendet.

Im Zeitraum von 1950 bis 1973 kommt es im Dorf zu vier Selbstmorden von jungen Frauen. Als Gründe werden die zwangsweise Verheiratung durch die Eltern und die schlechte Behandlung durch die Schwiegermütter genannt.

In Meşeyolu leben etwa drei körperlich und geistig Behinderte. Ihre Familien schämen sich deswegen und versuchen, sie zu verstekken. Die Dorfbevölkerung reagiert auf sie unterschiedlich. Einerseits wird ihnen Abneigung, auf der anderen Seite Mitleid entgegengebracht.

Über die Lebenserwartung der Dorfbewohner lassen sich nur unbestimmte Angaben machen, da die Bauern keine Möglichkeit haben, eine genaue Zeitbestimmung vorzunehmen. Es gibt in Meşeyolu relativ wenig ältere Bewohner, aber einige von ihnen sollen etwa 100 Jahre alt sein.

Zazaca ist verboten

Die Umgangssprache der Dorfbevölkerung ist der kurdische Dialekt *Zazaca,* der zum Teil bereits von türkischen Wörtern durchsetzt ist. Da die kurdische Sprache offiziell immer verboten war und dadurch nie Unterrichtsfach sein konnte - sofern überhaupt eine Schule existierte -, sind alle älteren Einwohner Meşeyolus in ihrer eigenen Sprache absolute Analphabeten, da sie entweder überhaupt keine oder nur wenige Grundschulklassen besucht haben. Die Frauen des Dorfes sind davon besonders betroffen; darüber hinaus können sie meist weder Türkisch sprechen noch verstehen.

Ein besonderes Ansehen genießen daher zwei oder drei kurdische Männer, die häufig außerhalb des Dorfes beschäftigt sind und Türkisch beherrschen.

Auf der Dorfschule lernen die kurdischen Kinder als Pflicht- und Fremdsprache Türkisch.

Der Hoca und der Aberglaube

Alle Einwohner des Dorfes sind Aleviten. Ein großer Teil von ihnen zählt zu den gläubigen Anhängern dieser islamischen Religion, die sich ihrem Wesen nach bereits stark an das harte Leben der Bauern angepaßt hat. So gibt es - in Abschwächung des orthodoxen Islam - eine nur zwölftägige Fastenzeit und keine strikten Gebetszeiten. Ähnlich dem Sunnitentum sind dagegen die Regeln über die Ernährung (Schweinefleischverbot) sowie über die Beschneidung der Jungen und die Rollenverteilung zwischen Mann und Frau. Letztere zielen in besonderem Maße auf die Ehre der Frau ab, die unter anderem auch das Tragen eines Schleiers fordert. In den fünfziger und sechziger Jahren setzt sich jedoch zunehmend durch, daß viele ältere, verheiratete Frauen ihr Gesicht nicht mehr mit dem traditionellen weißen Kopftuch verhüllen; junge Frauen haben diesen Brauch bereits ganz abgelegt.

»Offizieller« Religionsvertreter der Aleviten im Dorf ist ein *Hoca,* der jedoch über kein Gebetshaus verfügt (eine Moschee zu betreten gilt für Aleviten als unüblich, da sie davon ausgehen, daß ihr Prophet Ali in einer Moschee umgebracht wurde). Zu den Aufgaben des *Hoca* zählen die Trauung, das Koran-Rezitieren bei besonderen Anlässen, Gebete auf dem Friedhof und die Waschung der Toten.

Neben der alevitischen Religion - aber auch teilweise mit ihr verbunden - wird das Alltagsleben der Dorfbevölkerung durch einen starken Aberglauben geprägt. Dieser macht sich einmal an verschiedenen »heiligen Plätzen« fest. So gibt es einen heiligen Baum, drei kleine heilige Steinpyramiden und den besonders bedeutenden Heiligen Berg, den die Leute »Düzgün Baba« nennen. Ihm gegenüber wird tiefe Verehrung und Angst empfunden, und die Dorfbevölkerung bringt bei verschiedenen Anlässen Opfer dar. Ein ähnliches Verhalten wird den »heiligen Männern« entgegengebracht, die in größeren Zeitabständen nach Meşeyolu kommen und hier ihre magischen Fähigkeiten zur Verfügung stellen.

Weiterhin glauben die Leute an böse Geister und Hexen sowie an den Mond und die Sonne. Der bei weitem größte Einfluß geht jedoch nach wie vor von diesen »heiligen Plätzen und Männern« aus. Um sie ranken sich zahlreiche Legenden, die im Dorf von Generation zu Generation weitergetragen werden.

Dorfpolitik

Die bereits beschriebenen harten Lebensbedingungen bewirken, daß sich bis weit in die sechziger Jahre hinein fast niemand für die allgemeine Politik interessiert. Der Großteil des Lebens spielt sich im und um das Dorf ab, und nur wenige haben einmal in ihrem Leben die Provinzhauptstadt gesehen. Die wenigen Nachrichten von draußen erreichen das Dorf ohnehin um Tage oder Wochen verspätet und bestehen aus der vereinzelt nach Meşeyolu gelangenden Post, den Erzählungen von fliegenden Händlern oder aus »Neuigkeiten«, die einige Männer des Dorfes von ihren Einkäufen aus Tunceli mitbringen. Guten Kontakt unterhält man dagegen zu allen Nachbardörfern.

In allen diesen Jahren gibt es jedoch eine »Dorfpolitik«, an der sich die Mehrheit der Einwohner beteiligt. Dazu gehören einmal einige Dorfprojekte, die gemeinschaftlich zu regeln sind, wie etwa ein notwendiger Neubau für die Mühle oder die Anmietung von zwei Schulräumen. Solche Aufgaben werden dem *Muhtar*, dem Bürgermeister, übertragen. Dieser wird alle vier Jahre von allen Erwachsenen (ab 20 Jahren) aus dem Kreis einiger erfahrener, älterer Männer gewählt und stammt häufig aus einer etwas besser gestellten Familie. Eine an politische Inhalte gebundene Wahl ist dies jedoch nicht.

Da der Muhtar auch offizieller Vertreter des Dorfes gegenüber der türkischen Verwaltung ist, muß er gut Türkisch sprechen können.

Mehr noch als die gemeinsame Dorfpolitik beschäftigen zahlreiche heftige Streitereien und Schlägereien das dörfliche Leben, in die manchmal ganze Familien verwickelt werden. Aus unterschiedlichen Anlässen - wie etwa dem Fehlen einiger Schafe oder dem Verschieben von Markungssteinen, die die kleinen Felder voneinander abgrenzen, oder wegen Wasserstreitigkeiten - gehen Frauen und Männer des Dorfes, aber auch ihre Kinder mit Steinen und Holzstöcken gegen die Schuldigen vor. Mitunter werden auch Schußwaffen eingesetzt, die in jeder Familie zu finden sind, und dabei Leute getötet.

Die Auseinandersetzungen zwischen verfeindeten Familien halten gelegentlich über Jahre hinweg an. Meşeyolu kennt auch einige Fälle von Blutrache, wenn die Ehre der Familie dadurch befleckt wurde, daß die Tochter oder Schwester von einem fremden Mann berührt wurde.

Bei vielen Konflikten im Dorf übernehmen der Muhtar und einige »weise« Männer die schwierige Aufgabe, zu vermitteln und zu schlichten.

Die allgemeine politische Isolierung beginnt sich ab Mitte der sechziger Jahre etwas zu lockern, nachdem das erste Radio ins Dorf gelangt und bald darauf bereits mehrere Familien über ein eigenes Rundfunkgerät verfügen. Da aber alle staatlichen Rundfunkprogramme nur in türkischer Sprache gesendet werden, können zunächst nur wenige Einwohner Meşeyolus - vor allem Männer - die Nachrichten verfolgen. Die hohe Analphabetenrate ist der Grund, warum bis Anfang der siebziger Jahre im Dorf kaum eine Zeitung gelesen wird.

In dieser Zeit dringen nach Meşeyolu vermehrt Nachrichten, daß in der Provinzhauptstadt viele Demonstrationen von Kurden stattfinden. Dies stößt gerade unter den jungen Leuten auf wachsendes Interesse. Gleichzeitig steigt aber auch die Angst - vor allem unter den Älteren -, weil man sich sehr genau an die Geschichte der Aufstände von 1938 erinnert, aber auch weil sich in den letzten Jahren vereinzelt Anhänger linker kurdischer Fraktionen in der Umgebung des Dorfes aufhielten. Wenig später wurden diese von *Jandarmas* und türkischen Soldaten gefangengenommen und nach Tunceli gebracht, wo sie gefoltert wurden.

Ende der sechziger Jahre kommt das Dorf in Berührung mit der offiziellen türkischen Politik. Da die Abgeordnetenwahlen bevorstehen, kommen einige Vertreter der Parteien aus Tunceli angereist und werben für sich. Auf der Dorfversammlung erkundigen sich diese Herren nach den Sorgen und Problemen der Bauern und notieren sich diese auf Zigarettenschachteln. Daß die leeren Zigarettenschachteln beim Fortgehen weggeworfen werden, ist dabei vielen Einwohnern ebenso vertraut wie die von den Rednern demonstrativ getragene einfache Kleidung, um sich von der Armut Meşeyolus nicht zu unterscheiden.

Bei den anschließenden Wahlen zum Abgeordnetenhaus, bei denen eine Wahlurne im Haus des Muhtars aufgestellt wird, beteiligen sich viele Erwachsene. Man folgt dabei den Empfehlungen des Bürgermeisters, der auf diese oder jene Partei größere Hoffnungen setzt. Daß sich mit solchen Wahlen aber irgend etwas für ihr Dorf verbessern könnte, erwarten nur die wenigsten.

Nur einige Männer des Dorfes nehmen an der Senatoren-Wahl teil, bei der man nach Tunceli fahren muß. Im Dorf erzählt man sich, daß bei dieser Gelegenheit die Wähler mit Geld und Frauen bestochen werden.

Öffentliche Plätze

- Jeder Ortsteil von Meşeyolu besitzt einen eigenen Dorfplatz. Von Bäumen umstellt, dient er im Sommer als öffentliche Versammlungsstätte.
- Zwei Familien haben in ihren Häusern kleine Gemischtwarenläden untergebracht. Das Angebot besteht aus Zucker, Tee, Salz und Tabak sowie einfachen Haushaltsgegenständen. Von den Männern des Dorfes werden die Räume gleichzeitig als *Kahvehane* (Kaffeehaus) benutzt.
- Die Dorfschule liegt im Ortsteil Mirjalu. Sie ist ein flaches Steinhaus, das aus dem Jahr 1948 stammt. In zwei Räumen werden hier fünf Grundschulklassen unterrichtet. Wegen Einsturzgefahr wird dieses Gebäude 1971 abgerissen. Da die Gemeindeverwaltung in Tunceli erst verspätet einen Neubau bewilligt, mieten die Eltern der Schulkinder in der Zwischenzeit Räume in Şesaru und Kortu an. Dieses Provisorium, das wegen der schlechten Räumlichkeiten dreimal gewechselt werden muß, dauert anderthalb Jahre. Anfang 1973 ist dann das neue Schulhaus am Platz der ehemaligen Schule fertiggestellt. Es umfaßt drei Klassenräume und eine Latrine und ist außerdem mit einem Betonfußboden und Wellblechdach ausgestattet. Ein weiteres Zimmer steht einem verheirateten Lehrer und seiner Familie zur Verfügung.
- Der einzige Wasserspender für das Dorf ist ein kleiner Bach, der etwa einen Kilometer unterhalb von Mirjalu entlangfließt. Im Sommer führt er weniger, in den schnee- und regenreichen Wintermonaten dagegen viel Wasser. Da dieser Bach zwei Quellen besitzt, wird eine davon als Trinkwasserstelle benutzt, von der aus das Wasser mit Krügen zum Dorf hochgetragen wird; durch einen Hügel von der ersten getrennt, dient die zweite Quelle als allgemeiner Waschplatz der Bevölkerung.

- Alle Familien im Dorf besitzen einen Dreschplatz. Er wird entweder draußen vor den Feldern angelegt oder auf dem flachen Erddach des eigenen Hauses.
- Nach der Ernte wird das Korn zum Mahlen in die Wassermühle gebracht, die etwa einen Kilometer westlich von Kortu am Bach liegt. Da die Mühle in Gemeinschaftsbesitz ist, arbeiten hier abwechselnd einige Männer aus dem Dorf. Die Familien bezahlen sie mit einem kleinen Anteil von ihrem Mehl.
- Am Dorfrand liegen die beiden Friedhöfe; einer gehört zu Mirjalu, der andere zu Kortu und Şesaru. Die wenigen Grabsteine, die auf diesen Friedhöfen zu finden sind, zeigen, daß hier bekannte Leute aus dem Dorf bestattet liegen. Die meisten der Familien können sich beim Tod eines Angehörigen sowas aber nicht leisten. So wird nach altem mohammedanischen Brauch je ein Felsstein am Kopf- und am Fußende des Grabes in die Erde gerammt. Sie versinnbildlichen Allah, der dem Antlitz des Toten gegenübersteht.
- Ebenfalls außerhalb der Siedlung liegen die heiligen Plätze, die von der Dorfbevölkerung verehrt und häufig das Jahr über besucht werden. Hierzu zählen der »heilige Baum«, eine Eiche, und die drei »heiligen Felsen« (Steinpyramiden). Sie stehen am Dorfeingang von Kortu. Weit entfernt vom Dorf liegt dagegen »Düzgün Baba«, der heilige Berg. Um ihn zu erreichen, müssen die pilgernden Familien etwa zwei Wegstunden in nordöstlicher Richtung quer über die Berge zurücklegen.

Die Familie Özgan

Mustos Kindheit und Jugend

Mustos Eltern stammen aus Kortu, dem späteren Meşeyolu. Beide waren kurdische Bauern und hatten nie eine Schule besucht. Im Gegensatz zu Mustos Mutter, die nur Kurdisch sprach, lernte der Vater während seiner Militärzeit etwas Türkisch. Er blieb jedoch wie seine Frau Analphabet.

Mit etwa 20 Jahren heirateten Mustos Eltern und brachten es in der folgenden Zeit zu einem gewissen Wohlstand im Dorf. Durch väterliches Erbe und zusätzliche Käufe besaßen sie so viele Felder, daß sie fünf Monate für ihre Bestellung brauchten, etwa 100 Schafe und Ziegen, zwei der vier Wassermühlen im Dorf und eine der beiden handbetriebenen Worfelmaschinen (um die Spreu vom Weizen zu trennen). Das bedeutete für die damalige Zeit recht viel, da die meisten Einwohner Kortus arm waren und häufig hungern mußten.

Musto ist das älteste von acht Kindern - neben drei Brüdern und vier Schwestern. Er wird am 1. Oktober 1933 in Kortu geboren. So steht es wenigstens in seinem Paß. Da es aber allgemein üblich ist, die Knaben bei der Anmeldung jünger zu machen, als sie sind, damit sie möglichst lange der Familie als Arbeitskraft erhalten bleiben und erst recht spät zum Militär kommen, geht Musto davon aus, daß er bereits 1929 oder vielleicht auch 1930 geboren wurde.

Mit vier Jahren muß er bereits im elterlichen Haus und auf den Feldern mithelfen. So bringt er zum Beispiel die Herden auf die Bergweiden. Als Musto sieben Jahre alt wird, entschließt sich sein Vater, ihn auf die Schule zu schicken. In Kortu gibt es aber keine. Die nächste liegt in Kocakoç, einem größeren Dorf rund sieben Kilometer von Kortu. Es ist die einzige Grundschule in der ganzen Umgebung. Da der Schulunterricht vor allem in den Wintermonaten abgehalten wird, braucht er für diese Strecke täglich zwei Stunden zu Fuß. Hier lernt er zum ersten Mal Türkisch.

In Mustos Schulzeit fallen auch die Kurdenaufstände, von denen weite Teile der Provinz Tunceli erfaßt werden. Es ist das Jahr 1938. Er bekommt mit, wie türkische Soldaten Nachbardörfer überfallen und niederbrennen. Dabei werden viele Bekannte und Verwandte seiner

Familie getötet. Soldaten und *Jandarmas* kommen auch häufig in sein Dorf, um die Bevölkerung zu kontrollieren. Es werden zwar einige Waffen beschlagnahmt, jedoch wird niemand verhaftet. Die Einwohner Kortus sind nämlich nicht an den Aufständen beteiligt und kommen auch der türkischen Wehrpflicht nach. Teile des Kurdenstammes der Alu, zu dem sie gehören, werden in dieser Zeit von türkischen Armee-Einheiten dazu gezwungen, gegen rebellierende Nachbar-Kurdenstämme (unter anderen die Demenan) zu kämpfen. Für die Familien aus Kortu ist es daher in diesen Jahren lebensgefährlich, ihr Stammesgebiet zu verlassen, da sie von den Aufständischen als Verräter angesehen und erschossen werden.

Im Dorf erzählt man sich, daß infolge der Aufstände in der ganzen Provinz etwa 32 000 Kurden und etwa 20 000 türkische Soldaten getötet worden sind. Das Grauen über das brutale Vorgehen des türkischen Militärs hält bei der Dorfbevölkerung noch bis 1940 an. Die Bauern haben Angst, gegen die Türken zu reden.

Als Musto 1940 die vierte Klasse der Grundschule beendet, will der Lehrer ihn wegen seiner guten Leistungen auf die weiterführende Schule in Tunceli schicken. Diese Pläne zerschlagen sich jedoch, weil sein Vater als Soldat eingezogen wird. Die Türkei zieht an ihrer Westgrenze Truppen zusammen. In Europa herrscht seit einem Jahr der Zweite Weltkrieg.

Mit etwa elf Jahren ist Musto der älteste Mann in der Familie und muß den Vater bei der Feldarbeit ersetzen. Da seine Familie in den folgenden Jahren zunehmend verarmt, wird er 1943 nach Istanbul geschickt – »dort findet man immer Arbeit« –, um durch Gelegenheitsarbeiten in Kaffeehäusern und einem Kaufhaus Geld für seine Angehörigen zu verdienen. Zwischenzeitlich fährt er immer wieder nach Hause, um das Geld abzuliefern und etwas auf den elterlichen Feldern mitzuarbeiten. Nach fünf Jahren Großstadt kehrt er dann nach Kortu zurück. Er arbeitet jetzt in der Wassermühle seines Vaters und nebenbei auf den Feldern. 1950 wird Musto zum Militär eingezogen. Das bedeutet für seine Familie eine schwere Einbuße, da in den kommenden 18 Monaten bei zwei Ernten seine Arbeitskraft wegfällt. Dafür steht die im Dorf weitverbreitete Auffassung, daß erst das Militär einen Mann zum »richtigen Mann« macht.

Musto erhält seine Militärausbildung in Diyarbakir und in Malatya. Seine harte militärische Schulung wird von türkischem Nationalismus und antikommunistischer Propaganda begleitet. Sie lernen, daß NATO-Soldaten von Kommunisten getötet werden und daß deswegen diese vernichtet werden müssen. Der Druck in der Militärzeit ist groß, denn die kurdischen und türkischen Soldaten werden auf ihren Kriegseinsatz in Korea vorbereitet. In dieser Zeit ist es ihnen jedoch noch freigestellt, nach Korea zu gehen. Und Musto geht nicht. Sein Bruder, der wenig später zum Militär eingezogen wird, hat keine Wahlmöglichkeiten mehr. Durch ein Losverfahren wird er gezwungen, in Korea zu kämpfen. Das einzige Positive, was Musto in diesen eineinhalb Jahren erlebt, ist die relativ gute Ernährung, die er aus seinem Heimatdorf nicht kennt, und daß er weiter Türkisch lernen kann.

Ende Sommer 1951 ist seine Militärzeit beendet, und er kehrt zu seiner Familie nach Kortu zurück.

Sahhes Kindheit und Jugend

Sahhes Eltern stammen ebenfalls aus Kortu und haben bis auf einige Besuche in der Provinzhauptstadt das Dorf zeit ihres Lebens nicht verlassen. Bäuerliche Traditionen und das Fehlen einer Schule im Dorf führten dazu, daß sie weder lesen noch schreiben können und nur den in dieser Gegend üblichen kurdischen Dialekt Zazaca sprechen.

Als ihre Eltern vor dem Dorf-Hoca heiraten, ist ihre Mutter etwa 14 Jahre alt, der Vater etwas älter. Im gleichen Jahr wird Sahhe geboren. Ihr Geburtsdatum wird mit dem 1. Oktober 1931 angegeben. Sie glaubt jedoch, einige Jahre älter zu sein, da sie die Kurdenaufstände von 1938 bewußt miterlebt hat.

Im Gegensatz zur allgemeinen Dorfarmut haben die Eltern ein relativ gesichertes Auskommen. Sie arbeiten beide als Bauern und besitzen neben einer Mühle so viele Felder, daß sie etwa 30 Tage brauchen, um die Ernte einzubringen. Der Ertrag ist dabei so groß, daß sie einen Teil des Weizens, den sie anbauen, an andere Familien verkaufen und außerdem gegen Zinsen etwas Geld im Dorf verleihen können.

Ab vier oder fünf Jahren muß Sahhe ihrer Mutter viel bei Hausarbeiten helfen. Wenn ihre Eltern auf den Feldern arbeiten, versorgt sie ihre sieben jüngeren Brüder und ihre kleine Schwester. Manchmal bringt sie auch mit ihren Brüdern die Schafe und Ziegen auf die umliegenden Bergweiden. Bis zu ihrem 14. Lebensjahr spielt sich Sahhes Leben hauptsächlich im Dorf und im elterlichen Haus ab.

Nach alter Gewohnheit der Dorfbevölkerung wird sie als Mädchen nicht auf die Schule geschickt. Ihr Vater sieht es als notwendig an, daß seine Töchter sich durch Hausarbeiten frühzeitig auf ihre Rolle als zukünftige Ehefrauen vorbereiten. Bei den Söhnen ist dies etwas anders. Sie sollen es besser haben als der Vater und auf der Schule Türkisch lesen und schreiben lernen. Sahhes Brüder werden so auf die Schule nach Kocakoç geschickt.

In dieser Zeit liegt auch das Bürgerkriegsjahr von 1938. Als Kind von acht oder neun Jahren erlebt Sahhe die ganzen Schrecken dieses Kampfes zwischen Kurden und Türken. Auf dem Weg zu den umliegenden Weideplätzen kommt sie mehrmals mit den Ziegen und Schafen an ausgetrockneten Flußläufen vorbei, wo die Leichen vieler aufständischer Kurden liegen, die von Türken exekutiert worden sind. In der Umgebung von Kortu muß es viele Tote gegeben haben, da Sahhe immer wieder sieht, wie die Männer deren letzte Habseligkeiten ins Dorf zurückbringen. Außerdem wird Kortu mehrmals von türkischen Soldaten besetzt und die Dorfbevölkerung auf einem Platz im Dorf zusammengetrieben. Außer einigen Hausdurchsuchungen passiert jedoch nichts. Die Familien haben aber sehr viel Angst vor den Türken in diesen Jahren.

Als Sahhe 14 Jahre alt ist, lernt sie einen 18jährigen Mann ihres Dorfes kennen, der in Tunceli als Grundschullehrer arbeitet. Es ist der Sohn ihrer Tante. Er gesteht ihr seine Liebe ein und will sie heiraten. Einige Jahre zuvor haben Sahhes Eltern sie jedoch schon einem anderen kurdischen Jungen im Dorf versprochen, und die Eltern beider Familien haben schon Trauringe gekauft. Da sie aber diesen Jungen, der von ihren Eltern ausgewählt worden ist, nicht heiraten will, entschließt sie sich, auf das Angebot des Lehrers einzugehen. Beide fliehen aus Kortu und ziehen in die Stadtwohnung seiner Familie nach Tunceli. Sahhe und ihr Mann können jedoch nur vor dem Hoca heiraten, weil sie das gesetzlich vorgeschriebene Alter für eine Ziviltrauung noch nicht erreicht haben.

Nach einem Jahr bekommt Sahhe von ihrem Mann ein Mädchen. In der Folgezeit bleibt sie fast ausschließlich im Haus und versorgt neben dem Haushalt ihr Kind. Da sie von der Familie ihrer Schwiegereltern gut behandelt wird und die meisten Kurdisch sprechen, findet sie bald guten Kontakt zu allen Frauen im Haus und in der Nachbarschaft. Ihre eigene Familie sieht sie dagegen über zwei Jahre hinweg nicht, da ihre Eltern immer noch ärgerlich sind, daß ihre Tochter diesen Mann geheiratet hat.

Sahhes Ehemann verdient als Lehrer in einer Stadtschule den Unterhalt für seine Familie. Durch seine Arbeit ist er viel außer Haus beschäftigt. Nach zweieinhalbjährigem Zusammenleben in Tunceli bemerkt Sahhe, daß ihr Mann sie mit anderen Frauen betrügt. Sie versucht, ihn durch viele Gespräche davon abzubringen, aber er läßt sich nicht beeinflussen. Gegen dieses alte Vorrecht der Männer kann sie als Frau traditionell nichts ausrichten. Hinnehmen muß sie es auch, als ihr Mann mit der Begründung, sie könne kein Türkisch, sich von ihr trennt. Natürlich weiß sie, daß es andere Gründe für seine Entscheidung gibt, er eine andere Frau heiraten will, aber sie weiß genauso, daß sie sich dem beugen muß.

Sahhe bleibt daraufhin nichts anderes übrig, als zu ihrer Familie nach Kortu zurückzukehren. Ihre Tochter muß sie bei ihrem Mann zurücklassen, da ihm nach türkischem Recht das Kind zugesprochen wird. Als sie schließlich das Dorf erreicht und ihre Familie erfährt, daß ihr Mann sie verlassen hat, sind die Reaktionen unterschiedlich. Rachegefühle ergreifen ihre Brüder und ihren Großvater, weil sie die Ehre der Schwester und der ganzen Familie verletzt sehen. Sie bleiben jedoch ohnmächtig: der Großvater, der Sahhes Mann töten will, ist bereits krank und bettlägerig, und ihre Brüder sind noch zu jung, um etwas zu unternehmen. Ihr Vater hält sich dagegen zurück, weil der ehemalige Schwiegersohn zur Verwandtschaft gehört und ein ungeschriebenes Gesetz diese in Schutz nimmt. So muß die Familie diese »Schande« ertragen.

Sahhe selbst wird von den Eltern und Geschwistern gut aufgenommen, da man bei ihr keine Schuld sieht. Anders ist es unter der Dorfbevölkerung. Hier wird noch eine ganze Zeit schlecht über sie gesprochen. Ihren Mann, an dem sie immer noch sehr hängt, wird sie nicht mehr sehen und die Tochter erst nach sieben Jahren.

Bis zum Sommer 1951 verbringt sie drei Jahre in ihrer Familie und arbeitet wieder auf den Feldern und im Haushalt mit.

Musto und Sahhe heiraten

Mustos Militärdienst ist vorüber, und er beginnt sich wieder auf das Dorfleben in Kortu einzustellen. Er hilft zunächst seinen Eltern bei den letzten Erntearbeiten auf den Feldern. Er ist jetzt 18 Jahre alt und wird von der Dorfgemeinde als Mann angesehen. In dieser Zeit denkt er viel daran, eine eigene Familie zu gründen. Und er weiß auch schon, welches Mädchen er heiraten will. Es lebt in der Nachbarschaft, ist ihm schon oft wegen seiner großen Schönheit aufgefallen und heißt Sahhe. Die Leute in Kortu erzählen zwar, daß sie vor einigen Jahren von einem Mann entführt worden ist und anschließend von ihm sitzengelassen wurde, aber das macht ihm nichts aus. Er liebt Sahhe und will sie heiraten.

Wie es die Sitte verlangt, beauftragt er seine Großmutter, mit Sahhes Eltern darüber zu sprechen. Man wird sich rasch einig, da Sahhes Eltern insgeheim froh sind, daß sich eine Möglichkeit bietet, die Ehre ihrer Tochter wiederherzustellen. Noch dazu glauben sie, daß sie mit Musto eine gute Wahl als Schwiegersohn getroffen haben, weil ihnen seine Familie als reich und er als klug erscheint. Man vereinbart einen Brautpreis von 300 Lira, was viel Geld ist, und setzt die Heirat auf die frühen Herbstmonate fest.

Kurz darauf teilt die Mutter der Tochter das freudige Ereignis mit. Sahhe will jedoch diesen Mann nicht heiraten. Zwar kennt sie Musto, aber sie findet ihn nicht schön. Außerdem denkt sie im stillen noch an ihren ersten Mann, den sie nicht vergessen kann. (Sahhe 1981: »Wenn Musto das liest, bringt er mich um.«) Sie fleht ihre Eltern an, Musto nicht heiraten zu müssen. Die bestehen jedoch darauf. Da sie sich immer noch weigert, redet ihre Mutter ständig auf sie ein, und der Vater schlägt sie täglich. Schließlich ergibt sich Sahhe in ihr Schicksal und willigt in die Heirat ein. Sie glaubt, sich mit der Zeit an Musto gewöhnen zu können.

Im Herbst 1951, Sahhe ist etwa 20 Jahre alt, werden sie vor dem Dorf-Hoca getraut. Musto übergibt den Eltern seiner Frau das Brautgeld und schenkt ihr ein Kleid und einen Schleier. Zunächst reicht sein Geld noch nicht für Eheringe aus, aber später, wenn er Geld verdient, wird er Sahhe etwas Schmuck kaufen.

Die Hochzeit selbst wird im Haus von Mustos Eltern gefeiert. Dabei bleiben die Männer und die Frauen der Familien tagsüber unter sich. Sahhe und Musto erhalten hier einige Ratschläge, wie man sich in der Ehe am besten verhalten soll. Am Abend werden die beiden dann in einem Raum des väterlichen Hauses zusammengeführt.

Da alle im Dorf wissen, daß Sahhe nicht mehr unberührt ist, entfällt bei ihr der Nachweis der Jungfernschaft. Sonst ist es durchaus üblich, daß der Ehemann nach der ersten Hochzeitsnacht den blutigen Beweis der Unberührtheit seiner Frau vorzeigt. Unterbleibt dies, so wird die Frau in Schande verstoßen.

Als Musto seine ersten Kinder in Tunceli anmeldet, läßt er auch gleich seine Ehe mit Sahhe eintragen.

Ein Wohnraum und ein Stall

1953/54 hat Musto etwas Geld zusammengespart, so daß er mit dem Bau eines eigenen Hauses in Kortu beginnen kann. Mit Hilfe seiner Familie und einiger Handwerker aus dem Dorf wird ein kleines Haus gleich neben dem seiner Eltern errichtet. Das schwere Baumaterial, wie Steine und Baumstämme, wird in den Wintermonaten auf Schlitten herangeschafft.

Das zu ebener Erde angelegte Haus, das etwa zwölf Meter lang und fünf Meter breit ist, besteht aus zwei etwa 25 Quadratmeter großen Räumen, die in der Mitte durch einen kleinen Vorraum getrennt werden. Dieser verbindet beide Räume mit der einzigen Eingangstür. Die Hausmauern sind direkt auf dem Erdboden errichtet und bestehen aus groben Felssteinen, die mit Lehm und Erde zusammengehalten werden. Das niedrige Flachdach bilden quergelegte Pappelstämme, die durch eine festgestampfte Lehm- und Erdschicht abgedeckt werden.

Die einzige natürliche Lichtquelle für das Haus sind neben der Tür drei winzige Fensteröffnungen, die in die Mauern der Vorderfront eingelassen sind. Dadurch bleibt das Innere des Hauses in den Sommermonaten angenehm kühl. Gleichzeitig werden die Räume aber rasch dunkel. Licht spenden dann zwei kleine Petroleumlampen.

Der Fußboden des Hauses besteht aus bloßer Erde, die notdürftig festgetreten wird. Die Innenwände werden alle mit Erde verputzt und anschließend gekalkt.

Einer der beiden Räume dient den Özgans als Wohn-, Arbeits-, Eß- und Schlafraum. Gleichzeitig wird hier - vor allem in den Wintermonaten - gekocht. Dafür wird eine offene Feuerstelle benutzt, über der ein »Kaminabzug« an der Wand eingebaut ist. In der kalten Jahreszeit wird dieser Raum zusätzlich noch mit einem Blechofen beheizt. Die kärgliche Einrichtung besteht aus tagsüber zusammengerollten Matratzen, die auf der Erde liegen, einigen flachen Holzstühlen, einem Tisch, einer Kiste und einem Koffer mit Kleidern, an der Wand hängenden Haushaltsgeräten, kleineren Vorräten in einer Wandnische und einem Spiegel.

Der angrenzende schmale Vorraum dient ebenfalls mehreren Zwecken. Im vorderen Teil lagern vor allem Mehl- und Salzsäcke. Dazwischen steht eine kleine Waschgelegenheit. Der hintere Teil, der durch einen Bretterverschlag abgetrennt ist, wird als Vorrats- und Gerätekammer verwendet. Hier lagern in Kartons, Körben und Schüsseln Tee, Zucker, Seife, Milchprodukte und Gemüse. Außerdem werden hier alle wichtigen Küchengeräte abgestellt: Kupfertöpfe und Kessel, Blechkannen, gußeiserne Pfannen, Aluminiumtabletts, Teegläser, Holz- und Metallbesteck, Mörser sowie Ton- und Kupferkrüge.

Auf der anderen Seite des Ganges, gegenüber dem Wohnraum, befindet sich der Stall. Hier sind die Maultiere, Kühe, Schafe und Ziegen zusammengepfercht.

An das Haus grenzt ein kleines Stück Land, das die Familie als Garten nutzt. Umgeben von Nachbarhäusern wachsen hier auf dem steinigen Lehmboden einige Apfel-, Maulbeer-, Aprikosen- und Walnußbäume.

In diesem Haus, das zu den kleineren in Kortu zählt, lebt die Familie 18 Jahre lang. 1972 zieht sie innerhalb des Dorfes nach Mirjalu in ein größeres Haus um. Es gehört einem ihrer Bekannten, der mit seiner Familie nach Tunceli gezogen ist. Das Haus selbst ist einstöckig und besteht im unteren Teil aus einem Stall, im oberen aus einem Wohnraum und einer Küche.

In diesem Haus bleibt die Familie bis 1973. Ihr altes Haus haben sie in der Zwischenzeit einem Onkel überlassen.

Sie wünschen sich mehr Söhne als Töchter

Als Musto und Sahhe Anfang der fünfziger Jahre heiraten, sind die meisten Familien im Dorf sehr kinderreich. Wirtschaftliche und soziale Gründe haben dies zu einer festen Tradition werden lassen. Das junge Ehepaar wünscht sich in den folgenden Jahren ebenfalls recht viele Kinder. Aufgrund ihrer recht unterschiedlichen Erziehung als Mann und Frau verbinden beide damit aber verschiedene Vorstellungen. Für Musto ist es einmal Ausdruck von großer Manneskraft, wenn er seiner Frau viele Kinder macht. Dabei ist er besonders an männlichen Nachkommen interessiert, weil sie stärker als Mädchen sind, daher auch besser mitarbeiten und mehr Geld verdienen können. Außerdem sollen seine Söhne später einmal das väterliche Erbe übernehmen.

Sahhe dagegen will viele Kinder, weil sie das Gebären und Aufziehen von Kindern zu ihren Lebensaufgaben als Frau zählt. Gleichzeitig hängt von ihrer Fruchtbarkeit ihre Stellung als Frau in der Dorfgemeinde und zu ihrem Mann ab. Sie wünscht sich, mehr Söhne als Töchter zu bekommen, weil Jungen im Dorf größere Freiheiten besitzen als Mädchen. Sahhe braucht andererseits zumindest auch einige Töchter, weil diese ihr später als einzige im Haushalt mithelfen können.

Rund neun Monate nach der Heirat bringt Sahhe ihren ersten Sohn zur Welt. Er wird Ousso genannt. 1953 folgt ein weiterer Sohn, der jedoch im Alter von zwei Jahren an einer Fiebererkrankung stirbt. Die erste Tochter Eme wird 1954 geboren. Die nächsten zwei Kinder sind wiederum Söhne: Durso wird 1959, Alo 1963 geboren. Als Sahhe 1964 Fate zur Welt bringt, will sie keine weiteren Kinder mehr gebären. Die ständigen Geburten, neben der harten körperlichen Feldarbeit, belasten sie stark, und sie spricht darüber mit ihrem Mann. Obwohl sich Musto selbst noch mehr Kinder wünscht, geht er zunächst auf den Wunsch seiner Frau ein. Ein Grund dafür ist, daß er die zunehmenden Schwierigkeiten spürt, eine so große Familie zu ernähren.

In den letzten Jahren hat Musto einiges über Verhütungsmittel erfahren. Er besorgt sich jetzt von einem Arzt in Elazig die Pille und gibt sie Sahhe. Er erklärt seiner Frau die Bedeutung und Funktion der Pille. Sie will jedoch das fremde Medikament nicht nehmen, weil sie davor Angst hat. Sie weiß nämlich von einigen Frauen im Dorf, daß diese die Pille eingenommen hatten und davon erkrankt waren.

Da Sahhe keinen anderen Ausweg weiß, aber auch nicht wieder schwanger werden will, spricht sie darüber erneut mit ihrem Mann. Musto kümmert sich jedoch nicht weiter darum: es ist nun das Problem seiner Frau. Er selbst kennt zwar noch ein anderes Verhütungsmittel, aber dieses gerade bei seiner Frau zu benutzen, würde seine Würde als Mann verletzen. »Männer fühlen sich dafür nämlich zu stark.«

So muß es Sahhe widerstandslos über sich ergehen lassen, daß sie wieder schwanger wird. 1966/67 gebärt sie ein Mädchen. Es ist die Tochter Asme. 1969 wird die jüngste Tochter Hene geboren. Für Sahhe ist dies zugleich die letzte Geburt, danach wird sie unfruchtbar.

Wie Ousso, Fate und die anderen auf die Welt kommen

Durch die wirtschaftliche Situation ihrer Familie ist Sahhe bei allen Geburten dazu gezwungen, bis unmittelbar vor der Niederkunft voll mitzuarbeiten. Trotz der zum Teil schweren körperlichen Arbeit hat sie dabei keine Fehlgeburten. Je nach den Jahreszeiten, in die die Geburten fallen, ist sie dabei entweder auf den Feldern, auf den Bergweiden oder aber im Haus beschäftigt und gebärt dort auch jeweils ihre Kinder. So werden Ousso, Durso und Asme in den Sommermonaten in einer Höhle geboren, die an einem Feldrand liegt. Der zweitälteste Sohn, der später gestorben ist, und die älteste Tochter Eme werden in der gleichen Zeit unter freiem Himmel auf den Bergweiden zur Welt gebracht, als die Mutter dort gerade mit dem Hüten der Schafe und Ziegen beschäftigt ist. Als in den Wintermonaten die Geburten der drei weiteren Kinder bevorstehen, hält sich Sahhe wegen der schlechten Witterungsbedingungen hauptsächlich im Haus auf. Hier werden auch Alo, Fate und Hene geboren.

Der Geburtsablauf selbst ist Sahhe seit ihrem 14. Lebensjahr bekannt, weil sie damals anderen Frauen im Dorf bei deren Geburten zugesehen und zum Teil mitgeholfen hat. Wenn sie die Geburt eines Kindes in den Sommermonaten erwartet, nimmt sie vorsorglich eine Rasierklinge und Tücher zur Arbeit mit. Mit der Rasierklinge wird die

Nabelschnur durchtrennt, soweit Wasser vorhanden ist, wird das Neugeborene gewaschen und in die Tücher gewickelt. Wenn Sahhe auf den Feldern arbeitet, findet sie das Wasser in einem vorbeifließenden Bach. Schwieriger ist dies jedoch, wenn sie sich gerade auf den Bergweiden aufhält. Dort gibt es nämlich kein Wasser, und sie muß erst Kinder heranrufen, die in der Nähe Tiere hüten, damit diese ihr Wasser in Krügen herbeiholen. Die Geburten im Dorf sind dagegen kein Problem, da Sahhe alles Notwendige im Haus bereit gelegt hat und überdies ihre Familie und Nachbarn in der Nähe sind.

Unabhängig von ihrem jeweiligen Aufenthaltsort gebärt sie, wie alle Frauen im Dorf, in der Hockstellung. Bei den Geburten im Haus sind die Männer grundsätzlich ausgeschlossen. Auch die Kinder werden hinausgeschickt.

Anwesend sind dagegen fast immer Nachbarsfrauen, die Sahhe bei ihren Geburten helfen. Die Geburt eines Kindes spricht sich im Dorf schnell herum, und so wird Sahhe von vielen Familien besucht. Diese bringen Obst, Decken und als besonderes Geschenk auch manchmal ein Kilo Zucker und gratulieren der Mutter zu ihrem Kind. Dies passiert vor allem dann, wenn es ein Junge geworden ist. Dann wird auch, wie bei der Geburt ihres Sohnes Ousso, ein Schaf geschlachtet und zusammen gekocht. Männer und Frauen essen und feiern aber getrennt. Die Frauen sitzen dabei um Sahhe herum, begutachten das Neugeborene, geben Ratschläge und erzählen sich Märchen. Bestimmten Frauen, die hier ebenfalls anwesend sind, fällt eine besondere Aufgabe zu. Sie sollen böse Geister von der Mutter und ihrem Kind abhalten. Aus dem gleichen Grund werden manchmal auch durchbohrte Zwiebeln neben den Kopf des Kleinkindes gelegt.

Nach alten Regeln darf sich Sahhe mit ihrem Neugeborenen in der ersten Woche nach der Geburt nicht viel bewegen. So bleiben beide auf dem Matratzenlager ihres einzigen Wohnraums liegen und werden von den älteren Kindern und den Nachbarsfrauen versorgt. In den nächsten drei Wochen hält sich Sahhe vornehmlich im Haus auf und kann einige kleine Hausarbeiten verrichten. Das Neugeborene wird jedoch in dieser Zeit noch nicht herumgetragen, sondern bleibt in einem Korb auf dem Erdboden liegen. Nachts schläft es dicht am Körper der Mutter.

40 Tage nach der Geburt geht Sahhe wieder ihrer gewohnten Arbeit nach. In den Jahren, in denen die Töchter Eme und Fate noch zu klein waren, um auf die jüngeren Geschwister aufzupassen, wikkelt Sahhe ihre Neugeborenen in Tücher ein und trägt sie so mit auf die Felder. Dort werden sie im Schatten eines Baumes oder Steines abgelegt, so daß die Mutter jederzeit ihre Arbeit unterbrechen kann, um sie zu versorgen.

Die Stillzeit bei jedem Kind beträgt etwa zwei Jahre. Dabei gibt Sahhe fast alle ihre Kinder an Ammen im Dorf ab. Nur einige Male macht sie das, weil sie selbst zu wenig Milch hat. Weitaus häufiger hat dies jedoch einen anderen Grund: Eine alte Weisheit im Dorf besagt, daß Kinder besondere Eigenschaften der Ammen, zum Beispiel ihre Schönheit oder Fleißigkeit, mit deren Milch aufsaugen können. Wenn das Kind dagegen nicht zu einer Amme gegeben wird, kann dies durchaus einen Nachteil für das Kind bedeuten. Ein Neffe von Sahhe bekam so in der ersten Zeit nur Schafsmilch zu trinken. Später wurde ihm von der Dorfbevölkerung nachgesagt, er sei dumm wie ein Schaf.

Die Entwöhnung von der Muttermilch findet ebenfalls auf traditionelle Art und Weise statt. Hierbei schmiert sich die Mutter etwas Kuhmist auf die Brustwarzen, von dem sie weiß, daß er bei Kindern Ekelgefühle auslöst.

Asme heißt Mond oder Monat

Sahhe und Musto geben ihren Söhnen und Töchtern kurdische Vornamen, die im Dorf verbreitet sind. Ein Großteil dieser Namen ist dabei religiösen Ursprungs. So wird ein Junge Durso genannt, weil die Eltern kurz vor der Geburt ihres Sohnes den heiligen Berg »Düzgün Baba« besucht haben. Fate und Hene sind dagegen Namen von heiligen Muttergestalten. Für Hene gibt es jedoch noch eine weitere Worterklärung. Es kann sich auch von dem rötlichen Farbstoff Henna ableiten, der in Kortu viel verwendet wird. Alo ist der Name des Begründers der alevitischen Religion, er war ein Schwiegersohn von Mohammed. Von einem berühmten Imam dieser Religion übernahm man auch einen weiteren Namen: Ousso. Asme bedeutet schließlich im kurdischen Dialekt Zazaca Mond oder Monat. Die Bedeutung des Namens Eme ist den Eltern nicht bekannt.

Aus Musto wird Mustafa

Niemand in dieser Gegend kennt das eigene Geburtsdatum. Das abgeschiedene, naturbestimmte Leben im Dorf und die fehlenden Einrichtungen, um eine Zeitbestimmung vornehmen zu können, machen es allenfalls möglich, in etwa die Jahreszeit anzugeben, in der man geboren wurde. Und wenn nicht gerade besondere Ereignisse in ein Geburtsjahr fallen, kann man auch dieses nicht nennen. Für die Dorfbevölkerung ist es ohnehin wichtiger, daß überhaupt Kinder geboren werden und daß diese auch überleben.

Die Eltern sind jedoch gesetzlich dazu gezwungen, ihre Kinder anzumelden. Da das für Kortu zuständige Meldeamt in der Provinzhauptstadt liegt und der Weg dorthin relativ beschwerlich ist, lassen die Väter ihre Kinder oft erst Jahre nach deren Geburt eintragen. Das zu diesem Zeitpunkt nicht mehr genau bestimmbare Geburtsdatum wird nun noch einmal von seiten der Eltern geändert. Aus Tradition wird nämlich das Geburtsjahr von Jungen vor- und das der Mädchen zurückdatiert. Dadurch werden die Töchter um einige Jahre »älter«, die Söhne um einige Jahre »jünger« gemacht. Der Grund hierfür liegt darin, daß die Eltern ihre Töchter früher verheiraten können und die Söhne später zum Militär eingezogen werden und so den Familien länger als Arbeitskraft erhalten bleiben.

Da Musto häufiger nach Tunceli kommt, meldet er seine Kinder wenige Monate nach ihrer Geburt an. Die einzige Ausnahme ist Ousso, bei dem er etwa drei Jahre wartet, um ihn entsprechend zu »verjüngen«.

Die türkische Behörde nimmt ihrerseits Änderungen der Angaben Mustos vor. Sie übernimmt zwar alle Geburtsdaten der Kinder, jedoch nicht deren kurdische Vornamen. Gemäß der türkischen Assimilierungspolitik erhalten alle kurdischen Kinder türkische Vornamen. So wird Ousso als Hüssein, geboren am 1. August 1955, eingetragen, Eme wird zu Emine, geboren am 1. September 1954, aus Durso wird Dursun, geboren am 15. April 1959, aus Alo wird Ali, geboren am 1. April 1963, aus Fate wird Fatma, geboren am

1. Mai 1964, aus Asme wird Esma, geboren am 2. Juni 1966, schließlich wird aus Hene Jale, geboren am 29. November 1969.

Danach wurde Ousso drei Jahre, Ali einige Monate »jünger« gemacht. Nur bei Durso stimmt wahrscheinlich das Geburtsdatum. Die Töchter Eme, Fate und Asme sind dagegen um zwei Jahre beziehungsweise ein Jahr »älter« geworden. Bei der jüngsten Tochter Hene kommt es jedoch zu einem Irrtum. Ihr Onkel, der sie in Tunceli anmeldet, macht sie ein halbes Jahr »jünger«.

Übrigens: Bei den türkischen Behörden heißt Musto Mustafa.

»Alles, was Frauen nicht können, ist Männerarbeit«

Das ganze Jahr über wird der Lebensrhythmus der Familie durch die Arbeit in der Landwirtschaft bestimmt. Hierbei fällt zunächst die Versorgung der Tiere an.

Im Frühjahr, wenn die ersten großen Regenfälle vorbei sind und das Gras an den Berghängen besonders saftig ist, zieht die ganze Familie mit ihren Schafen, Ziegen und Kühen auf weit entfernte Weideplätze. Dort bleiben sie etwa eineinhalb Monate. Für die Tiere ist dies die einzige Jahreszeit, in der sie sich satt fressen und Fett ansetzen können. Die Familie lebt hier in einer Höhle, die sie notdürftig mit etwas Hausrat eingerichtet hat. Zu diesem Zweck haben sie auch Wollmatratzen mitgebracht, auf denen sie schlafen. Nur hin und wieder kehrt der Vater oder einer der Söhne ins Dorf zurück, um nach dem Haus zu sehen, das Kleinvieh zu versorgen und die Bäume im Garten zu wässern. Außerdem werden Nahrungsmittel und anderes geholt, was der Familie in der Höhle in der Zwischenzeit ausgegangen ist. Wenn dann die Aussaat auf den Feldern bevorsteht, kommt die Familie mit ihren Tieren wieder ins Dorf zurück.

Den Sommer über, wenn Kinder und Erwachsene voll mit der Feldarbeit und dem Haushalt beschäftigt sind, ist es dagegen nicht mehr möglich, daß die Familie ihre Tiere jedesmal selbst auf die umliegenden Weideplätze treibt. Deshalb hat die Dorfgemeinde eine Abmachung getroffen, nach der sich abwechselnd je eine Familie je einen Tag lang um alle Schafe und Ziegen aus Kortu kümmert. Diese Aufgabe übernimmt die Familie Özgan zweimal im Monat.

In den gleichen Monaten müssen Sahhe und ihre Kinder auch Futtervorräte für die Tiere im Winter anlegen. Zu diesem Zweck wird Gras und Stroh gesammelt. Im Herbst werden dann die Schafe von der Mutter geschoren. Alles, was mit der Weiterverarbeitung der Wolle zu tun hat, gehört ebenfalls zu Sahhes Aufgaben. Zum Stricken und Weben von Kelims wird die Wolle dabei gewaschen, gekämmt und anschließend von Hand zu Fäden gedreht. Einen anderen Teil der Wolle schlägt Sahhe dagegen zu Flocken und stopft sie in Bettdecken und Matratzen. Alle diese Arbeiten wie auch Nähen und Häkeln bringt sie ihren Töchtern bei.

Da die Wolle der eigenen Schafe in einem Jahr nie ganz ausreicht, um zum Beispiel eine Jacke stricken zu können, haben sich Sahhe und einige Nachbarsfrauen darauf geeinigt, daß man sich die Wolle wechselseitig zur Verfügung stellt.

Jeden Abend, wenn die Herde ins Dorf zurückgetrieben worden ist und die Kinder die eigenen Tiere in den Stall gebracht haben, beginnt Sahhe mit dem Melken. Hierbei helfen ihr manchmal auch die Söhne. Die Milch wird anschließend von der Mutter und ihren Töchtern zu Joghurt und anderem weiterverarbeitet.

Ein- oder zweimal im Jahr wird ein Tier geschlachtet. Dies ist Männerarbeit, und so führt Musto eine Ziege oder ein Schaf aus dem Stall, wirft es vor dem Haus auf den Boden und schneidet ihm die Kehle durch. Das Abziehen des Fells, das Herausschneiden von Fleischstücken und das Ausnehmen der Gedärme besorgen wiederum die Frauen. Sie trocknen anschließend das Fleisch an der Sonne und lagern es als Wintervorräte ein. Aus den Fellen stellt Sahhe Säcke her, die sie unter anderem zur Herstellung von Milchprodukten verwendet.

Die Arbeit auf den Feldern erstreckt sich über den ganzen Sommer. An ihr beteiligen sich Sahhe, alle Kinder ab etwa neun Jahren und Musto, soweit er sich gerade im Dorf aufhält. Dabei gehört es zur Tradition, daß sie gemeinsam mit den Brüdern von Musto alle Felder des Großvaters bestellen und erst hinterher ihren Ernteanteil zugeteilt bekommen.

Im Gegensatz zu vielen anderen Familien liegen ihre Felder nur ungefähr fünf Kilometer von Kortu entfernt. Deshalb müssen sie auch nicht wie jene für die Sommermonate ganz auf den Feldern leben, sondern kehren täglich zu den Mahlzeiten und zum Schlafen ins Dorf zurück.

Die ersten Arbeiten im Frühjahr beginnen damit, daß die Kinder die größeren Steine von den Feldern aufsammeln und Unkraut mit der Hand ausreißen. Dann düngen sie den Boden. Hierzu haben die Mädchen bereits einige Monate lang den Mist der Tiere im Stall gesammelt. Die Jungen bringen ihn jetzt in Körben hinaus und verteilen ihn auf den Feldern. Als nächstes schaffen die Männer den Metallpflug des Großvaters auf einem Maultier heran und spannen die beiden Ochsen des Großvaters ein, um die Erde umzupflügen. Dies ist eine schwere körperliche Arbeit, da der Boden sehr hart und steinig ist. Einzelne Stellen müssen deshalb auch aufgehackt werden.

Dann wird mit der Aussaat von Weizen und Hafer begonnen, die hier seit jeher angepflanzt werden. Da das Saatgut besonders kostbar ist, wird dies nur von den Männern gemacht. Einige wenige Felder bleiben dem Gemüseanbau vorbehalten. Hier fangen die Frauen einige Wochen später an mit dem Setzen von Gurken, Tomaten, Zwiebeln, Auberginen, Bohnen und Paprikaschoten sowie einigen Honigmelonen und Kürbissen.

Da die Sommermonate sehr heiß sind und nur selten Regen fällt, muß die Familie einige ihrer Felder künstlich bewässern. Entweder lassen sich kleine Kanäle von Bächen abzweigen, oder man muß das Wasser in Krügen zu den höhergelegenen Feldern schleppen.

Wenn in den späteren Sommermonaten das Getreide herangereift ist, setzt die Ernte ein, die mehrere Wochen in Anspruch nimmt. Wegen der vielen Bodenunebenheiten können die Erwachsenen und Kinder nicht mit Sensen arbeiten, sondern müssen das Getreide mit Sicheln schneiden. Danach wird es in Körbe und Säcke gefüllt und auf Maultieren zu ihrem Dreschplatz im Dorf gebracht. Dies ist ein flacher, runder Platz auf dem Erdboden, der von Steinen umgeben ist. In diese Rundung wird das Korn geschüttet, der Dresch-Schlitten wird darauf gelegt und ein Ochse vorgespannt. Auf den Dresch-Schlitten, der aus einem einfachen Brett besteht, stellt sich einer der Männer oder auch Sahhe und lenkt ihn über das Korn. Bei dieser beschwerlichen und zeitraubenden Arbeit müssen sich die Erwachsenen ständig abwechseln, aber auch die Ochsen ausgetauscht werden. Für eine Dreschladung brauchen sie nämlich 36 Stunden, und Mustos Felder machen allein vier solcher Dreschladungen aus.

Nachdem ein Dreschgang beendet ist, wird das Stroh herausgelesen und die Getreidekörner werden zusammengefegt und in Säcke gefüllt. Anschließend wird die Spreu vom Weizen getrennt. Bei diesem Arbeitsvorgang ist die Familie sehr privilegiert, weil der Großvater dafür eine handbetriebene Worfelmaschine besitzt. Alle übrigen Bauern aus Kortu und zwei Nachbardörfern müssen dagegen oft lange Wartezeiten in Kauf nehmen, weil überhaupt nur zwei dieser Maschinen zur Verfügung stehen.

Danach machen sich die Frauen daran, den Weizen am Bach zu waschen. Dies ist eine sehr anstrengende Arbeit, bei der sie die ganze Zeit im Wasser stehen und alles Korn durchsieben müssen. Anschließend breiten sie es auf Tüchern aus und lassen es an der Sonne trocknen. Nachdem das Korn noch einmal nach Dreck abgesucht worden ist, packen es die Männer in Säcke und bringen es zur Wassermühle unterhalb von Kortu. Dort läßt die Familie ihr Getreide mahlen, wobei der Müller etwa zwei Prozent des Mehls für seine Arbeit einbehält.

Jetzt teilt der Großvater die Ernte unter sich und seinen drei Söhnen auf. Musto erhält zehn Säcke Mehl sowie fünf Säcke ungemahlenes Korn für die nächste Aussaat.

Wenn die Getreideernte abgeschlossen ist, werden die Kinder auf die Felder geschickt, um sie zu düngen, und anschließend pflügen die Männer ein letztes Mal im Jahr den Boden um. Die Frauen ernten in der Zwischenzeit das gereifte Gemüse. Das zieht sich bis in die frühen Herbstmonate hinein. Außerdem pflücken sie jetzt die wenigen Äpfel, Aprikosen, Maulbeeren und Nüsse ihres Gartens und lagern sie zusammen mit dem Gemüse für den Winter ein.

Zwei weitere Arbeiten sind notwendig, um die unmittelbare Versorgung der Familie zu sichern: die Wasser- und die Brennholzbeschaffung. An beidem nehmen alle Familienangehörigen teil. Mindestens einmal am Tag werden zwei Kinder mit einem großen Tonkrug losgeschickt, um ihn am Bach mit Wasser zu füllen und dann an einer Tragestange zum Haus hinaufzuschleppen.

Die Brennholzbeschaffung ist dagegen schwieriger. Da die ganze Umgebung von Kortu bereits abgeholzt ist, muß die Familie manchmal zehn Kilometer zurücklegen, um auf kleinere Wälder zu stoßen. Dort fällt Musto einige Bäume, die anschließend zersägt und in mehreren Ladungen auf Maultieren ins Dorf transportiert werden. Äste werden zu Bündeln gepackt und von Sahhe und ihren Kindern auf dem Rücken getragen. Auf diese Weise legen sie während der trockenen Jahreszeit einen großen Brennvorrat vor ihrem Haus an, mit dem sie ihren Wohnraum in den kalten Wintermonaten beheizen.

Ein großer Teil der verbleibenden Arbeiten, die für die Familie im Dorf anfallen, wird nach Geschlechtern getrennt verrichtet. Hierzu gehört für Sahhe und ihre Töchter die gesamte Versorgung ihres Haushalts: die Ernährung, das Nähen und Waschen der Kleider … »Alles, was dagegen Frauen nicht machen können«, so Musto, »ist Männerarbeit.« Dies sind einmal die Fahrten in die Provinzhauptstadt, um verschiedene Besorgungen zu erledigen. Im Dorf selbst sind es die Instandhaltungen des Hauses, das Errichten und Ausbessern von Zäunen und Mauern sowie das Heranschaffen von Baumaterial. Zu den kleineren Arbeiten, um die sich die Männer kümmern, gehört das Reparieren von Geräten und das Ausbessern von Sätteln. In all diese Tätigkeiten werden die Söhne von Musto, aber auch vom Großvater frühzeitig mit einbezogen.

Musto wird Händler

In den Anfangsjahren ihrer Ehe leben die Özgans ausschließlich von den Erträgen der Landwirtschaft. Im Vergleich zu anderen Familien im Dorf sind sie gut versorgt. Musto und Sahhe können ihre ersten drei Kinder ausreichend ernähren. Doch als die Familie weiter wächst, reichen die Einkünfte nicht mehr aus. Musto beginnt 1955/56 zusammen mit einem Freund aus Kortu als Händler in der Provinz zu arbeiten. Um diese Arbeit werden beide beneidet, weil viele Männer ebenfalls auf einen solchen Geldverdienst außerhalb des Dorfes angewiesen sind, um ihre Familien ausreichend ernähren zu können. Für die meisten kommt dies jedoch nicht in Frage, da ihnen dafür die notwendigen türkischen Sprachkenntnisse fehlen. Darüber verfügt aber Musto, und gleichzeitig hat er einiges über den An- und Verkauf in seiner Istanbul-Zeit gelernt.

So beginnen die beiden Männer damit, daß sie kleinere Haushaltsgegenstände auf Provision in der Provinzhauptstadt kaufen und diese dann mit Gewinn in Nachbardörfern absetzen. Ihre Waren transportieren sie dabei auf Maultieren, die sie sich ausgeliehen haben.

Da viele Dörfer wegen ihrer abgeschiedenen Lage auf solche umherziehenden Händler angewiesen sind, machen Musto und sein Freund gute Geschäfte. Sie können dadurch nicht nur ihre Anfangsschulden bezahlen, sondern auch ihr Warensortiment erweitern. Die Arbeit ist jedoch sehr zeitraubend, weshalb Musto in den Sommermonaten nur selten nach Kortu zurückkehrt. Im Winter müssen sie dagegen ihren Handel wegen der schlechten Witterungsbedingungen jedesmal einstellen.

Nach einigen Jahren wachsenden Umsatzes entschließen sich beide, das Geschäft erheblich auszuweiten. Da dies nicht mehr mit Maultieren zu bewältigen ist, verkaufen sie sie und schaffen sich auf Raten zwei Kleintransporter an. Damit können sie nicht nur größere Warenmengen befördern, sondern auch ihre Geschäfte räumlich ausdehnen. Sie kaufen jetzt abwechselnd größere Salzladungen und Heizöl ein und verkaufen es in allen größeren Siedlungen der Provinz Tunceli sowie in den Nachbarprovinzen. Da zu dieser Zeit auch ein wachsender Bedarf an Elektroartikeln einsetzt, nehmen sie diese ebenfalls in ihr Warenangebot auf. Musto beginnt gleichzeitig mit einer anderen Tätigkeit, die er gut mit seiner Arbeit als Händler verbinden kann. Er wird *Mutait.* Dies ist eine Art Bau-Organisator, der von verschiedenen türkischen Behörden und privaten Unternehmen den Auftrag erhält, innerhalb von bestimmten Fristen sowohl das Baumaterial zu beschaffen wie auch genügend viele Arbeiter anzuwerben. Bei dieser Tätigkeit zeigt Musto große Geschicklichkeit, so daß er bald eine Reihe von kleinen Aufträgen aus der ganzen Ost-Türkei erhält.

In den Jahren, in denen Musto gute Geschäfte macht, kann er für die Familie, die lange Zeit nur eine Kuh hatte, fünf weitere kaufen, dazu noch ein Maultier, vier Schafe und vier Ziegen sowie einige Hühner. Das verbleibende Geld wird vom Vater gespart. Trotzdem bleibt Musto darauf angewiesen, daß seine Frau und seine Kinder auf den Feldern arbeiten.

Ab Mitte der sechziger Jahre werden jedoch Mustos Geschäfte zunehmend schwieriger, weil in der ganzen Türkei eine Wirtschaftskrise herrscht. 1968 sind Musto und sein Freund gezwungen, ihre Arbeit ganz einzustellen. Sie bekommen kaum noch Aufträge, und ihre Waren lassen sich wegen der hohen Preissteigerung nur selten absetzen. Sie verkaufen deshalb beide Kleintransporter und kehren nach Kortu zurück.

Dankbar für jedes Stück Brot

Die Familie Özgan kann sich - wie gesagt - Mitte der fünfziger Jahre nicht mehr alleine von den landwirtschaftlichen Erträgen ihres Besitzes ernähren. Ihre Getreidefelder werfen nur für fünf Monate Mehl ab, und das eigene Gemüse reicht nur für drei Monate im Jahr. Obst und Fleisch sind dagegen noch viel weniger vorhanden. So muß die Familie für den Rest des Jahres Gemüse und Mehl im Dorfladen kaufen, der auch noch andere Nahrungsmittel anbietet, die man selbst nicht herstellen kann. Das sind unter anderem Tee, Salz und Zucker.

Sie bezahlen dabei alle Waren von dem Geld, das der Vater durch seine auswärtige Arbeit verdient. Und er ist es auch, der das Geld in der Familie verwaltet. Wenn Sahhe irgend etwas für den Haushalt benötigt, teilt sie dies ihrem Mann oder den älteren Söhnen mit, und diese suchen dann den Dorfladen auf. Das Einkaufen gehört nämlich nicht zu den traditionellen Aufgaben einer Frau. Sahhe will dies aber auch gar nicht, weil der Laden auch als *Kahvehane* (Kaffeehaus) benutzt wird und dort viele Männer herumsitzen.

Einige Nahrungsmittel bekommt Sahhe direkt aus der Stadt. Wenn Musto von seinen Fahrten nach Hause kommt, bringt er manchmal Kartoffeln, Nudeln oder Reis mit, die ansonsten nur selten im Dorf verwendet werden.

Bis 1969 ist die Ernährung der Familie relativ gesichert. Trotzdem erziehen die Eltern ihre Kinder auf diesem Gebiet zu großer Sparsamkeit, weil sie immer damit rechnen müssen, daß eine Ernte schlecht ausfällt, der Vater bei seinen Geschäften Verluste macht oder sonst irgend etwas Unerwartetes passiert. Dieser Fall tritt ein, als Musto ab Mitte der sechziger Jahre in kostspielige Streitereien der Sippe verwickelt wird, so daß die Familie nur wenig Geld für Nahrungsmittel aufwenden kann. (Darüber später mehr.)

Alle Bereiche, die direkt mit der Ernährung zusammenhängen, die Vorratshaltung, die Zubereitung der Mahlzeiten und das Säubern des Geschirrs, gehören zu den traditionellen Arbeiten der Frau. Männer sind hierbei auch von kleinsten Hilfsdiensten ausgeschlossen. Sahhe muß so mehrere Stunden am Tag damit zubringen, genügend Brot und Milchprodukte für die Familie herzustellen und während der Sommermonate große Vorräte von Gemüse und Obst im Haus anzulegen, von denen sie dann im Winter überleben können. Sobald die Töchter Eme, Fate und Asme fünf oder sechs Jahre alt sind, müssen sie der Mutter dabei helfen. Ab 12 Jahre machen die Mädchen dann diese Arbeiten selbständig.

Zu den Grundnahrungsmitteln zählen Brot, Wasser und verschiedene Milchprodukte. Welchen Wert diese für alle Leute im Dorf besitzen, zeigen zwei Beispiele: Einmal werden die Kinder ständig auf ein kurdisches Sprichwort verwiesen, nach dem man »dankbar für jedes Stück Brot« sein muß. Zum anderen wird ihnen von den Eltern immer wieder gesagt: »Verschütte kein Wasser, das du vom Bach holst, denn früher haben sich die Bauern deswegen noch getötet.« Dementsprechend freuen sich alle Familienmitglieder, wenn sie überhaupt etwas zu essen bekommen.

Brot ist nur in Form von hellem Fladenbrot bekannt. Es besteht aus Hefeteig, der ein- oder zweimal am Tag angesetzt wird. Die Fladen werden anschließend auf einer gewölbten Metallform gebacken, die über einem offenen Feuer im Wohnraum oder außerhalb des Hauses angebracht ist. In den Sommermonaten findet Sahhe wegen der Feldarbeit jedoch dafür nur wenig Zeit, weshalb sie dann das Brot für einige Tage im voraus backt.

Die Schafs-, Ziegen- und Kuhmilch wird nur selten als Getränk verwendet (meistens nur für Kinder), sondern weiterverarbeitet. Dabei läßt man die Milch zunächst über Nacht stehen und gewinnt daraus Joghurt. Wenn davon eine ausreichende Menge vorhanden ist, wird dieser in ein eigens dafür präpariertes Schaffell gefüllt und eine Zeitlang geschüttelt. Hierbei setzt sich unten Butter und oben *Ayhran* ab. Aus *Ayhran* wird schließlich *Cökelek* hergestellt, eine schmackhafte, fettarme Substanz, die zu Brot gegessen wird.

Das selbstangebaute Gemüse wird entweder im rohen Zustand verzehrt oder in fetthaltigen Suppen gekocht. Dazu zählen Zwiebeln, Tomaten, Paprika, Auberginen und Bohnen. Bei ihrer Zubereitung werden viele Gewürze und Salz verwendet. Mit Zucker geht die Familie dagegen sehr sparsam um, weil er sehr teuer ist. Ebenso selten werden Obst, Fleisch und Eier gegessen. Dies liegt daran, daß sie nur wenige Obstbäume und Tiere besitzen. So behält man sich die wenigen Äpfel, Kürbisse, Melonen, Maulbeeren und Aprikosen für bestimmte Feiertage im Jahr auf, ebenso Eier und Fleisch. Letzteres gilt als besonders kostbar, so daß auch dann noch davon gegessen wird, wenn es von einer Ziege oder einem Schaf stammt, die verendet sind.

Das einzige Getränk, das man neben Wasser und *Ayhran* noch zu sich nimmt, ist Tee. Dieser wird sehr viel getrunken, und da bereits Kleinkinder damit anfangen, hat die Familie einen großen Teeverbrauch. Tee ist aber ausgesprochen teuer, so daß man sich angewöhnt hat, ihn mehrfach aufzubrühen.

In der Regel gibt es drei Mahlzeiten am Tag: morgens, mittags und abends. Wegen der vielen Arbeit wird allerdings sehr unregelmäßig gegessen. Manchmal wird die Mahlzeit eingeschränkt oder fällt ganz aus. Dies ist oft beim Frühstück der Fall.

Nahezu jedes Essen besteht dabei aus Tee oder Wasser, Brot, *Ayhran, Cökelek* und manchmal etwas rohem Gemüse. Warme Mahlzeiten werden in den Sommermonaten nur einmal wöchentlich zubereitet. Im Winter macht man dies jedoch häufiger. Drei- oder viermal im Jahr wird hierbei Fleisch verwendet.

Je nach Tages- und Jahreszeit wird vor dem Haus im Schatten der Bäume oder im Wohnraum des Hauses gegessen. Im Haus setzt sich die Familie zur Mahlzeit auf den Erdboden, über den eine Decke gebreitet wird. Draußen stellt man flache Stühle und einen Tisch auf. Sofern es eine warme Mahlzeit gibt, essen alle Familienangehörigen aus einem großen Topf. Bei dieser Gelegenheit sitzen meistens Eltern und Kinder zusammen. In einigen Fällen, wenn zum Beispiel Besuch gekommen ist, essen dagegen zunächst nur die Männer und Jungen. Erst danach sind die Frauen und Mädchen an der Reihe. Üblich ist es, wenn die Mutter ihren Söhnen häufig größere und bessere Portionen gibt als den Töchtern. Sahhe sagt nämlich: »Die Jungen müssen mehr essen, weil sie später stärker werden und auch mehr arbeiten.« Das führt manchmal zu Protesten bei den Mädchen. Grundsätzlich erkennen sie aber die »Verteilung« an.

Einzige Genußmittel für Erwachsene sind Zigaretten. Der Vater Musto raucht allerdings im Gegensatz zu vielen anderen Männern im Dorf nicht. Bei Sahhe ist es umgekehrt. Obwohl das Rauchen für Frauen eigentlich verboten ist, hat sie bereits mit 13, 14 Jahren damit heimlich angefangen. Dies setzt sie auch während ihrer Ehe fort, ohne daß Musto es bemerkt. Sahhe besucht zu diesem Zweck eine Runde von Frauen, wobei auch einige junge Männer anwesend sind.

Für Kinder besteht dagegen der größte Anreiz in Süßigkeiten. Diese werden jedoch nur äußerst selten vom Vater oder vom älteren Bruder aus der Stadt mitgebracht, weshalb sie oft vom Zuckervorrat der Mutter naschen. Eine ähnliche Bedeutung haben für sie Walnüsse, die die Eltern nur an Festtagen verteilen.

Sahhe legt die »Düllbende« ab

Die Kleidung paßt sich einerseits den Anforderungen des Arbeitsalltags und andererseits den Traditionen an. Obwohl die Özgans im Dorfvergleich relativ wohlhabend sind, reichen ihre Einkünfte jedoch nur soweit, daß mit Ausnahme des Vaters jeder neben der Kleidung, die er gerade trägt, nur noch ein weiteres Kleidungsstück zum Wechseln besitzt. Die Kleider sind von einfacher Qualität und häufig abgetragen. Wie in den anderen Familien auch tragen hierbei die Frauen neben etwas Schmuck buntere Stoffe als die Männer.

Da neue Kleider teuer sind, ist Sahhe darauf angewiesen, einen großen Teil durch Stricken und Nähen selbst herzustellen und die Kleider der älteren Kinder durch die jüngeren auftragen oder von Verwandten übernehmen zu lassen. Wenn die Schafwolle der eigenen Tiere nicht ausreicht und sie etwas Geld von Musto erhält, kauft Sahhe Stoff vom Händler, der jedes Jahr mit seinen Maultieren ins Dorf kommt. Bei ihm kann man auch die allgemein üblichen Plastik-Halbschuhe erstehen, die Sommer wie Winter getragen werden. Sie sind einigermaßen billig. Lederschuhe tragen die allerwenigsten in Kortu, weil man ein ganzes Jahr arbeiten muß, um sie bezahlen zu können.

Trotz der Feldarbeit wird die Kleidung durchschnittlich eine Woche und länger getragen. Ebenso zählt es zur Gewohnheit, diese auch nachts beim Schlafen anzubehalten.

Sahhe trägt im Sommer eine Pluderhose, darüber eine Art Kittel und einfache Unterwäsche. Traditionsgemäß trägt sie auch die Kopfbedeckung kurdischer Frauen, die weiße *Düllbende,* ein turbanähnliches Tuch, das den ganzen Kopf einhüllt. Innerhalb des Hauses läßt sie die *Düllbende* offen herunterhängen, so daß ihr Gesicht frei bleibt. Wenn jedoch Männer zu Besuch kommen oder sie ins Dorf geht oder aber auf dem Feld arbeitet, zieht Sahhe die *Düllbende* fest um das Gesicht, so daß nur ihre Augen zu sehen sind. Sie schämt sich nicht etwa vor den Männern, sondern sie macht dies aus Tradition. Diese besagt, daß Ehefrauen Hals und Ohren vor den Blicken fremder Männer zu verbergen haben. Es gibt jedoch einen praktischen Grund, die *Düllbende* geschlossen zu tragen: Bei der Arbeit wird nämlich dadurch ihr Kopf vor Sonne und Staub geschützt.

Nach fünf Jahren Ehe legt Sahhe die traditionelle Kopfbedeckung ab und verwendet wieder ein einfaches Kopftuch, das sie bereits vor der Heirat getragen hat. Einige Frauen aus dem Dorf sind schon dazu übergegangen, und Sahhe schließt sich ihnen an. Musto hat nichts dagegen einzuwenden, weil er in diesen Fragen fortschrittlich eingestellt ist.

Jungen wie Mädchen haben bis zum Alter von vier bis fünf Jahren etwa die gleiche Kleidung an. Sie tragen einen einfachen Kittel und manchmal auch eine Pyjamahose dazu. Sie laufen meistens barfuß umher, da das Geld nur für einige wenige Paar Plastikschuhe reicht. Sahhes Söhne dürfen darüber hinaus bis etwa drei Jahre manchmal noch nackt herumlaufen, nicht jedoch die Töchter. Sobald sie nicht mehr von der Mutter herumgetragen werden, steckt man sie in Kittel.

Ab dem fünften Lebensjahr beginnt sich die Kleidung von Jungen und Mädchen zu unterscheiden, wobei sie jetzt alle Schuhe erhalten. Die Mädchen tragen nun einheitlich eine Pyjamahose, ein Unterhemd und einen Kittel. Erst ab etwa 14 Jahren bekommen sie für den ganzen Körper Unterwäsche. Als Kopfbedeckung trägt die älteste Tochter Eme bis zum zwölften Lebensjahr ein Kopftuch. Der Vater hält es aber auch in diesem Fall nicht für notwendig und läßt Eme das Kopftuch ablegen. Sahhe schimpft zwar heftig dagegen, weil dies die Tradition noch unverheirateter Frauen bricht, muß sich jedoch dem Willen ihres Mannes beugen. Aus diesen Gründen tragen später ihre Töchter Fate, Asme und Hene überhaupt keine Kopftücher mehr. Während des Unterrichts in der Dorfschule ist diese Kopfbedeckung ohnehin verboten.

Jungen tragen dagegen eine einfache Stoffhose und Hemden. Wenn sie älter werden, erhalten einige von ihnen auch eine Jacke.

Während ihrer Schulzeit tragen die Mädchen und Jungen eine Schuluniform.

Der Vater ist als einziger der Familie besser gekleidet und besitzt auch mehrere Sachen zum Wechseln. Durch seine Händlertätigkeit hat er sich neben der Arbeitskleidung einen neuen Anzug, einige Hemden und Hosen, eine dazu passende Jacke und ein Paar Lederhandschuhe kaufen können. Sahhe ist deshalb auf die äußere

Erscheinung ihres Mannes sehr stolz, denn nur wenige Leute im Dorf können sich so gut kleiden wie er. Obwohl sie ahnt, daß diese Kleidung recht teuer gewesen sein muß, und sie selbst bisher kein Kleid von ihrem Mann geschenkt bekommen hat, ist sie zumindest froh, die Kinder ausreichend einkleiden zu können.

Dies ist in den Sommermonaten ohnehin kein Problem, da es heiß und trocken ist. Außerordentlich schwierig ist es jedoch im Winter. Das Geld reicht nicht für Mäntel, weshalb Sahhe für alle Jacken, Pullover und einige Handschuhe stricken muß. Außerdem macht sie jedem ein Paar dicke Socken, mit denen man sich in die Plastikschuhe zwängt. Die Kälte ist allerdings so groß, daß die Mutter und die Kinder immer mehrere Hosen und Kleider übereinander ziehen. Trotzdem frieren die Kinder in diesen Monaten sehr oft. Der Vater Musto besitzt als einziger einen Wintermantel.

Obwohl jeder einzelne nur wenige Kleider besitzt, fällt bei der großen Familie viel Wäsche an. In den Sommermonaten liegt der allgemeine Waschtag an jedem Samstag oder Sonntag. Dann ziehen Sahhe und alle anderen Frauen mit der schmutzigen Kleidung, Schüsseln und einem Stück Kernseife zum einen Kilometer südlich gelegenen Waschplatz. Ihre Kinder helfen ihr manchmal, die Wäsche zum Bach hinunterzutragen. Hier sitzen die Frauen den ganzen Tag über am Wasser und schrubben von Hand die Wäschestücke. Bei dieser Gelegenheit findet sich ausgiebig Zeit, sich miteinander zu unterhalten. Anschließend wird die nasse Wäsche über die am Bachrand stehenden Felsen zum Trocknen ausgebreitet. Am Abend wird dann die Wäsche eingesammelt, und alle Frauen kehren ins Dorf zurück.

Bei dieser harten Arbeit muß Eme der Mutter voll mithelfen, als sie zwölf Jahre alt wird.

Die Kleidung von Kleinkindern wird übrigens fast täglich gewaschen. Dies macht Sahhe entweder im Haus oder ebenfalls unten am Bach.

Wegen des hohen Schnees und der Kälte ist das Waschen in den Wintermonaten erheblich erschwert. Deshalb wäscht man in dieser Zeit auch nur ganz selten. Die Kleidung kann aber ohnehin länger getragen werden, da die Feldarbeit ruht und man sich weniger beschmutzt.

Der Waschplatz liegt am Bach

Die äußeren Umstände bringen es mit sich, daß die Familie die Körperhygiene nur auf das Allernotwendigste beschränkt, obwohl man tagtäglich durch die Arbeit auf den Feldern, im Dorf und im Haus schmutzig wird und ständig mit Tieren und Ungeziefer in Berührung kommt. Außerdem muß alles Wasser, das im Haushalt gebraucht wird, vom Bach heraufgeschleppt werden. So hat man sich daran gewöhnt, mit Wasser sparsam umzugehen, und reinigt sich deshalb nur einmal am Tag Hände und Gesicht an der Waschgelegenheit im Hausflur.

Einmal in der Woche ist es dagegen üblich, den ganzen Körper zu waschen. Dies geschieht direkt am Bach. Zunächst ziehen alle Frauen und Mädchen des Dorfes hinunter zum Waschplatz. Dieser ist für seine Zwecke recht günstig gelegen, da er von allen Seiten von Hügeln umgeben und auch nicht von der nahen Trinkwasserstelle aus einzusehen ist, an der tagsüber ein ständiges Kommen und Gehen herrscht. Die Frauen entfachen kleine Feuer am Bachrand und stellen in Kupferkesseln Wasser auf. Dann werden die Kleinkinder gewaschen, und anschließend waschen sich Mädchen und Frauen selbst. Zum Abtrocknen dienen einige mitgebrachte Tücher. Sobald sie damit fertig sind, kehren alle zusammen ins Dorf zurück und verständigen ihre Söhne und Männer. Diese gehen dann zum Bach und waschen sich mit dem restlichen warmen Wasser.

In den Wintermonaten macht man dies jedoch seltener, weil es draußen sehr kalt ist und vorher jedesmal erst das Eis des Baches aufgehackt werden muß. So beläßt man es häufig bei einer kurzen Reinigung im Haus.

Mit einfachen Mitteln werden auch Ohren und Nasen sauber gehalten. Die Ohren reinigt man mit kleinen Holzstöckchen, die irgendwo herumliegen. Die Nase wird dadurch geputzt, daß man sich in den Jackenärmel schneuzt oder sie sich mit den Händen abwischt. Zähne werden dagegen überhaupt nicht gepflegt, weil dies im Dorf unbekannt ist.

Aufmerksamkeit schenkt man aber den Haaren. Hierbei gehört es zur Tradition, daß Jungen und Männer ihre Haare kurz tragen, Mädchen und Frauen lang. Diese Unterscheidung beginnt allerdings erst ab dem fünften oder sechsten Lebensjahr. Zu diesem Zeitpunkt – bei dem ebenfalls die Einschulung bevorsteht – werden den Jungen zum ersten Mal die Haare geschnitten. Das macht Sahhe selbst, indem sie ihren Söhnen eine Schüssel auf den Kopf setzt und die Haare rundherum abschneidet. Ihre eigenen langen Haare und die ihrer Töchter flechtet sie häufig zu Zöpfen. Sie lassen sich dadurch (und mit Kopftüchern) leichter sauberhalten. Der Vater ist der einzige, der sich seine Haare von einem Friseur in der Stadt schneiden läßt.

Die Familie muß sich auch aus einem anderen Grund mit ihren Haaren beschäftigen. Weitverbreitet unter der Bevölkerung von Kortu sind Kopfläuse. Wenn die Mutter und die Kinder wieder einmal davon befallen sind, setzen sie sich zusammen und versuchen, sie mit einem Läusekamm loszuwerden, oder aber man liest sie sich einzeln vom Kopf.

Wie alle Einwohner im Dorf ist man daran gewöhnt, seine Notdurft direkt hinter dem eigenen Haus zu verrichten. Hierbei ist man darum bemüht, sich hinter einer Mauer oder einem Baum zu verstekken, um von anderen nicht gesehen zu werden. Es ist unüblich, sich danach besonders zu reinigen. Toilettenpapier ist ohnedies unbekannt, aber auch Blätter oder Steine werden dafür nicht benützt. Da in den Sommermonaten kaum Regen fällt, der den Kot wegspülen könnte, dieser aber auch nicht auf andere Weise beseitigt wird, geht von diesen Stellen ständig ein starker Geruch aus, der zwischen den Häusern hängt und viele Fliegen anzieht.

Nach ihrem Umzug nach Mirjalu besitzt die Familie 1972 eine der ersten Latrinen im Dorf. Sie besteht aus einem Loch, das im Erdboden ausgehoben wurde, und einem darüber errichteten Bretterverschlag.

Der nächste Arzt wohnt weit weg

Die Familie hat sich daran gewöhnt, daß immer wieder einer von ihnen krank wird. Dies gehört genauso zu ihrem Leben im Dorf wie die tägliche Feldarbeit oder der Sonnenaufgang. Sie wissen dabei nur in wenigen Fällen, daß ihre Krankheit auf die schlechten hygienischen Verhältnisse oder die einseitige Ernährung zurückzuführen ist. Überhaupt können sie nur einige der vielen Krankheiten in ihrer Sprache *Zazaca* benennen. Die meisten beschreiben sie nur nach ihren Symptomen. Da sie mit Ausnahme des Vaters sehr stark an Traditionen und Aberglaube hängen, erscheinen ihnen ihre Krankheiten als Schicksal, dem man nur wenig entgegensetzen kann.

Bei kleineren Krankheiten greift Sahhe auf alte Hausmittel zurück, die sie von ihrer Mutter gelernt hat. Größeres »Unheil« wird dagegen von erfahrenen Leuten im Dorf behandelt. Die Familie hat sich darauf eingestellt, daß der nächste Arzt sehr weit weg wohnt, weshalb sie ihn auch nur in dringenden Fällen aufsucht. Hierbei entstehen nämlich hohe Kosten, weil sie - genau wie alle anderen im Dorf - nicht krankenversichert sind. Aus diesem Grund wird dann manchmal auch lange überlegt, ob eine solche Behandlung auch tatsächlich »notwendig« ist. Hierbei zögern die Eltern allerdings nicht, wenn einer ihrer Söhne schwer erkankt. Dieser wird recht schnell in das Krankenhaus der Stadt gebracht, da sie auf das Wohlergehen ihrer Jungen besonderen Wert legen. Bei ihren Töchtern warten Musto und Sahhe länger ab, wie sich deren Krankheit entwickelt, und versuchen, sie zunächst mit traditionellen Heilmethoden behandeln zu lassen.

Krankheit bedeutet auch Arbeitsausfall. Da die Familie auf jeden einzelnen als Arbeitskraft angewiesen ist, versuchen Kinder und Erwachsene, trotz schwerer Krankheit solange wie möglich weiterzuarbeiten. Ein Beispiel dafür ist Eme, die trotz anhaltender starker Lungenschmerzen unvermindert ihrer Hausarbeit nachgehen mußte.

Im Laufe ihres Dorflebens haben alle Familienmitglieder einige Krankheiten gemeinsam. Dazu zählen in der Kindheit Scharlach, Röteln, Masern und viele Durchfallerkrankungen. Eine weitverbreitete Gewohnheit unter Kindern: sie essen Erde. Der Grund ist: überall kommen sie mit ihr in Berührung und finden, wenn sie Erde beim Spielen in den Mund nehmen, Gefallen an ihrem süßlichen Geschmack. Die Mutter kennt diese Angewohnheit ihrer Kinder, weiß aber auch, wie schnell sie dabei erkranken können. Um den Kindern dies abzugewöhnen, benutzt sie ein bewährtes Mittel. Sobald sie eines ihrer Kinder beim Essen von Erde ertappt, holt sie etwas Schafmist und stopft ihn dem Kind in den Mund.

Zu den regelmäßigen Erkrankungen, über die ältere Geschwister und Eltern klagen, gehören Erkältungen, Magen-, Rücken-, Kopf-und Zahnschmerzen. Wie sich moderne und traditionelle Behandlungsmethoden gegenüberstehen, wird anhand der beiden letztgenannten

Krankheiten deutlich. Gegen Kopfschmerzen schluckt man die einzigen Tabletten, die es im Dorf zu kaufen gibt. Wenn dagegen jemand Zahnschmerzen hat, wird Salz auf den Zahn gestreut. Das lindert zumindest die Schmerzen.

Weitere Krankheiten einzelner Familienmitglieder:

- Eme hat vor und während der Schulzeit am ganzen Körper häufig Hautausschläge. Mit etwa elf, zwölf Jahren bekommt sie im Sommer starke Atembeschwerden, die von Husten und Lungenschmerzen begleitet sind. Sie fällt deswegen auch oft hin. Nachdem diese unbekannte Krankheit eine Weile gedauert hat, wird sie von ihrem Vater zu einer Heilwasserquelle in der Nähe von Kortu mitgenommen. Musto will dort sein Rheuma auskurieren und läßt seine Tochter auf die gleiche Weise behandeln. Nach einigen Tagen fühlt sich Eme von ihren Schmerzen befreit.
- Als Asme sieben oder acht Jahre alt ist, magert sie sehr stark ab und nimmt nur noch wenig Nahrung zu sich. Sahhe befürchtet, daß ihre Tochter sterben könnte. Den Grund für deren Krankheit sieht sie darin, daß sie Asme als Säugling nur kurze Zeit stillen konnte. Ihr Mann bringt Asme ins Krankenhaus nach Tunceli, wo sie drei Wochen lang behandelt wird.
- Durso erkrankt in mehreren aufeinanderfolgenden Sommern an Infektionen an der Unterlippe. Sein Vater schneidet daraufhin die Eiterherde mit einer Rasierklinge auf. Als Krankheit empfindet Durso, daß er von klein auf stottert. Er schämt sich deswegen, weiß aber nicht, wie er es abstellen kann.
- Mit anderthalb Jahren erkältet sich Ousso schwer. In der Folgezeit bläht sich sein Bauch stark auf, und er bekommt Fieber und Durchfall. Die Eltern fahren sofort ins Krankenhaus nach Elazig und lassen ihn dort behandeln. Über zwei Jahre muß er jeden Monat dorthin gebracht werden, um Spritzen und Tabletten zu erhalten.
- Musto leidet als Kind in den Sommermonaten häufig unter dem Trachom (Augenkrankheit), wird jedoch nie behandelt. Einige Jahre nach der Schulzeit stellt er bei sich eine starke Sehschwäche fest. Da aber in dieser Zeit Brillengläser extrem teuer sind, kann er sich erst eine Brille leisten, als er in Istanbul genügend Geld verdient hat. Das nächste Brillengeschäft ist in Elazig. Mit zwanzig Jahren erkrankt er an einer Lungenentzündung und läßt sich deswegen im Gesundheitszentrum von Tunceli behandeln.

● Sahhe läßt sich nie von einem Frauenarzt untersuchen. Tradition und Scham verbieten es ihr, einem fremden Mann ihren Unterleib zu zeigen. Etwas anderes ist es, als sie Ende 1973 wegen starker Rücken-, Brust- und Gallenschmerzen ins Krankenhaus geht. Dazu fährt sie nach Erzincan und nicht nach Tunceli. Sie macht dies, weil der Arzt in Tunceli nicht auf ihre Krankheit spezialisiert ist, aber auch, weil sie von ihm früher schlecht behandelt worden ist. Den Namen der Krankheit, wegen der sie operiert und zwei Jahre lang nachbehandelt werden muß, kennt sie nicht. Woran sie sich aber erinnert, sind die 2 000 Lira, die die Behandlung in Erzincan gekostet haben. Mit diesem Geld kann sie ihre Familie zwei Monate ernähren.

Ich werde dir meinen Essig nicht verkaufen

Religion und dörfliche Tradition machen alles, was im Zusammenhang mit dem (nackten) menschlichen Körper steht, zum Gegenstand eines strengen Tabus. Hierzu zählen besonders Sexualität und Zärtlichkeit. Von welchen grundsätzlichen Vorstellungen man sich dabei leiten läßt, geht aus einer Parabel hervor, die sich Kurden erzählen. Sie geht auf ein Erlebnis Nasredin Hocas zurück, der im Seldschuck-Reich des 13. Jahrhunderts als weiser Mann gelebt haben soll. Danach besaß Nasredin Hoca einen kostbaren 40 Jahre alten Essig. Natürlich sprach sich das herum, und eines Tages wurde er von einem Mann besucht, der ihm den Essig abkaufen wollte. Nasredin Hoca überlegte eine Weile und meinte dann: »Ich werde dir meinen Essig nicht verkaufen, da er sonst das 41. Jahr nicht überdauern wird.«

Dies will besagen, daß Menschen ihren eigenen Körper wie eine Kostbarkeit behüten sollen. Für die Zeit vor der Heirat bedeutet das, daß sich Mädchen und Jungen jeglichen sexuellen Kontakts enthalten müssen. Während der Ehe ist dagegen Sexualität nur zwischen Ehepartnern erlaubt. Um dies auch äußerlich zum Ausdruck zu bringen, bestehen verschiedene Vorschriften für das persönliche Verhalten, die Bekleidung und die Körperpflege. Über die Einhaltung dieser Regeln wachen alle Leute des Dorfes. Und sie sind es auch, die gegebenenfalls Sanktionen aussprechen.

Dieses Tabu zieht auch Folgen nach sich. Einerseits entwickeln Kinder und Erwachsene ein ausgeprägtes Schamgefühl, das gerade

Familienmitgliedern gegenüber stark empfunden wird. Andererseits führt es zu einer großen Unkenntnis des eigenen Körpers und der Sexualität.

Aufgrund der traditionellen geschlechtsspezifischen Rollenverteilung werden jedoch nahezu alle Bereiche des Tabus unterschiedlich gehandhabt. Jungen und Männer genießen relative Freiheiten, wohingegen Mädchen und Frauen außerordentlich streng überwacht werden. Im Mittelpunkt dessen steht der Ehrbegriff der Frau. Gerade im Bereich der Sexualität herrscht deswegen eine Doppelmoral. Auf diese Realität geht auch ein kurdisches Sprichwort ein: »Lieber fünf Jahre früher sterben, dafür aber ein Hahn unter Hennen sein.«

Die Töchter von Sahhe werden von klein auf dazu angehalten, ihren Körper immer bekleidet zu halten. Ihre Jungen dürfen zwar in der ersten Zeit noch manchmal nackt herumspielen, sobald sie aber zwei oder drei Jahre alt sind, wird auch dies verboten. Obwohl die Familie auf engstem Raum zusammenlebt, haben die Kinder nie die älteren Geschwister oder gar ihre Eltern nackt gesehen. Nachts, wenn sie alle nebeneinander schlafen, behält ohnehin jeder seine Tageskleidung an. Wenn sie sich umkleiden, eine Notdurft verrichten oder sich waschen, ist entweder jeder für sich allein oder aber getrennt nach Jungen und Mädchen. Außerdem achten die Eltern, ältere Geschwister oder Verwandte darauf, daß die Kleinkinder nicht mit ihrem Körper spielen, weil jede Form von Selbstbefriedigung rechtzeitig unterbunden werden soll. Eine weitere Anweisung richtet sich ausschließlich an die Töchter. Solange nämlich Eme und Fate, später auch Asme und Hene noch regelmäßig mit anderen Jungen spielen dürfen (bis etwa fünf Jahre), wird ihnen gesagt, sie sollen aufpassen, daß sie nicht von Jungen am Kleid angefaßt werden. All diesen Verhaltensregeln passen sich die Kinder frühzeitig an und entwickeln gleichzeitig ein starkes Schamgefühl gegenüber ihrem eigenen Körper, gegenüber den Geschwistern und Eltern.

Im Alter von zwölf, dreizehn Jahren trennt Sahhe ihre Töchter weitgehend von jedem Kontakt mit den Jungen. Davon ist Eme als erste betroffen. Sie muß nun sehr viel im Haushalt mitarbeiten oder auf ihre kleineren Geschwister aufpassen. Gleichfalls kommt sie mit ihren Brüdern nicht mehr enger zusammen, etwa zum Spielen. Die Mutter weiß, daß sie auf die Ehre von Eme achten muß, denn Mädchen, die in diesem Alter noch ständig mit Jungen unterwegs sind, werden im Dorf schnell als Huren beschimpft. Und dann können die Töchter nur schwer verheiratet werden.

Obwohl sich Jungen demgegenüber freier verhalten können, ist Sahhe auch bei ihnen darum bemüht, daß sie »anständig« bleiben. So sagt sie zum Beispiel mehrmals zu einem ihrer Söhne: »Du darfst nicht alleine mit einem Mädchen in einem Zimmer zusammensein und mit ihm sprechen!«

Wie allgemein üblich, werden die Kinder von ihren Eltern nicht aufgeklärt. Musto und Sahhe schämen sich dazu viel zu sehr. Außerdem wissen sie selbst zu wenig über dieses Thema. Beide rechnen aber damit, daß sich ihre Söhne diese Informationen anderweitig beschaffen. Musto denkt darüber hinaus, es wäre normal, wenn seine Söhne vor der Ehe sexuelle Erfahrungen sammeln würden. Ob sie dies wirklich tun, weiß er jedoch nicht. Bei den Töchtern gehen die Eltern davon aus, daß sie dies alles rechtzeitig von ihrem zukünftigen Ehemann erlernen werden.

Als Mädchen besitzt Eme nur geringe Möglichkeiten, sich über dieses Gebiet zu informieren. Die meiste Zeit ist sie auf eigene Gedanken und Vermutungen angewiesen. Sie darf ohnehin mit niemandem darüber sprechen, und außerdem schämt sie sich sehr. Das ist auch der Fall, als sie mit 13, 14 Jahren von der Mutter beiseite genommen wird. Die erzählt ihr kurz, daß sie jetzt bald ihre Periode bekommen werde. Sie brauche aber deswegen keine Angst zu haben, weil dies von Natur aus so sei. Außerdem erklärt ihr die Mutter, daß sie sich in dieser Zeit häufiger waschen solle und die Blutung mit einem Stofflappen stillen könne. Das war das erste und letzte Mal, daß ihre Mutter über »so etwas« mit ihr sprach.

In den darauffolgenden Jahren nimmt Eme manchmal an der Frauenrunde teil. Mädchen und verheiratete Frauen sitzen zusammen, machen Handarbeiten und unterhalten sich nebenher. Bei diesen Gesprächen erfährt Eme einiges über Geburten. Da sie selbst aber noch unverheiratet ist, passiert es öfter, daß sie bei solchen Themen von älteren Frauen weggeschickt wird.

Ein anderes Mal kann sie ihr Wissen über Schwangerschaft nur heimlich ergänzen: 1972 wird ein Film über Familienplanung im Dorf vorgeführt, und sie mischt sich ohne Wissen ihrer Eltern und Brüder unter die Zuschauer. Eme kann jedoch nicht alles verstehen, weil der Film auf türkisch ist und sie diese Sprache noch nicht gut spricht.

Emes Brüder Ousso und Durso können sich demgegenüber nicht nur mehr Wissen, sondern auch Praxis verschaffen. Frühzeitig haben sie mitbekommen, daß sie mehr Freiheiten haben als ihre Schwestern, und sie nutzen dies auch aus. So wenig sie zunächst auch noch über Sexualität wissen, so haben sie dennoch schon gelernt, daß der Mann auf diesem Gebiet der »Stärkere« und der »Aktivere« ist. Außerdem werden ihre Aktivitäten von der Familie zumindest geduldet, wenn nicht gar - von anderen Männern - mit einer gewissen Anerkennung betrachtet. Da dies trotzdem mit Schamgefühlen verbunden ist, verheimlichen sie ihre Erfahrungen in der eigenen Familie und auch vor dem jeweils anderen Bruder. Darüber hinaus darf man im Dorf nicht zum Gesprächsthema werden. Gleichzeitig erfüllen sie aber auch ihre Pflicht als ältere Brüder, die darin besteht, die Ehre der eigenen Schwestern Eme und Fate zu schützen. So schlagen sie einige Male Eme, weil sie trotz Verbot mit anderen Jungen zusammen gespielt hat.

Im Alter von fünf, sechs Jahren sind sie selbst bereits häufig mit anderen Jungen auf den Bergweiden, um Schafe und Ziegen zu hüten. Bei dieser Beschäftigung ist man oft unter sich und unbeobachtet. So beginnen die ersten sexuellen Erfahrungen mit neun oder zehn Jahren, als sie von anderen Jungen lernen, wie man sich selbst befriedigt und wie man sein Geschlechtsteil an Mädchen ausprobieren kann.

Im gleichen Alter treffen die Brüder mit Mädchen zusammen, die hier ebenfalls auf Tiere aufpassen. Gemeinsam mit zwei Freunden spielen sie unverfänglich miteinander und lernen sich näher kennen. Es bleibt nicht aus, daß sie bald darauf Zärtlichkeiten miteinander austauschen und auch miteinander schlafen. Über dieses Zusammensein machen sich die Jungen nur wenig Gedanken. Sie wissen zwar, daß dies »irgendwie« Sexualität ist, können sich allerdings nicht erklären (bis sie 15 Jahre alt sind), wie Kinder zustande kommen. Ihnen ist aber bewußt, daß das, was sie machen, verboten ist. Da aber niemand aus dem Dorf Verdacht schöpft, wenn sie sich hier »alleine« aufhalten, setzen sie ihre Spiele fort.

Häufig setzt man sich an diesem Ort auch mit anderen älteren Jungen zusammen und unterhält sich. Dabei erzählen dann die »Erfahreneren«, daß Sexualität ebenfalls den Frauen Spaß macht, aber auch, daß es mehrere Möglichkeiten gibt, Kinder zu zeugen. Gar nichts wissen dagegen die Jungen über die Periode der Frau. Ihre Mütter und Schwestern haben dies immer vor ihnen versteckt.

Diese Wissensrückstände werden aufgeholt, als die Brüder mit 14, 15 Jahren ältere Freundinnen haben, zum Teil verheiratete Frauen aus Kortu. Von ihnen lernen sie, woher die Kinder wirklich kommen und daß es Verhütungsmittel für Frauen gibt. Gleichfalls erfahren sie, daß Frauen genauso einen Orgasmus haben können und daß es gut ist, wenn Frauen ihren Orgasmus vor dem des Mannes bekommen, »weil es bei Männern zu schnell geht« (so ein Bruder).

Da aber auch Jungen ständig die dörflichen Traditionen beachten müssen, ist es für Ousso ein großes Abenteuer, als er mit 13, 14 Jahren als erster seiner Brüder allein nach Istanbul geht. Dort arbeitet er fünf Jahre. In dieser Zeit ist er mit vielen Frauen zusammen und geht häufig in Bordelle. Über diese »Erfahrungen eines Mannes« spricht er jedoch bei seiner Rückkehr nach Kortu nicht.

Sahhes und Mustos Leben läuft weitgehend voneinander getrennt ab. Da Musto häufig außerhalb beschäftigt und bei seinen wenigen Dorfaufenthalten meistens mit anderen Männern zusammen ist, sieht Sahhe ihn nur selten. Wenn sie dagegen wirklich zusammenkommen, sind sie nie alleine. Alle ihre Kinder schlafen im gleichen Raum wie sie.

Ab 1966, nach der Geburt von Asme, beginnt für Sahhe eine schwere Zeit. Wenn Musto nach Hause kommt, sucht er wegen kleinen Anlässen Streit mit ihr und schlägt sie dann heftig. Der Grund sind schöne Frauen, mit denen er sich in Tunceli und anderen Orten eingelassen hat. Man hat es Sahhe erzählt, aber sie kann sich dagegen nicht wehren. Sie weiß, daß dies unter Männern allgemein üblich ist. Deshalb kann sie auch von niemandem Hilfe erwarten - nicht von ihrer Mutter, mit der sie erst gar nicht spricht, und auch nicht von Nachbarn oder Verwandten, die zwar längst davon Wind bekommen haben, sich aber nicht einmischen wollen. So bemüht sie sich lediglich darum, daß ihre Kinder nichts von den Frauenbekanntschaften ihres Vaters erfahren. Daß sie von ihm geschlagen wird, läßt sich jedoch nicht verheimlichen.

Bao ist der oberste Herr

Die kurdische Familie ist aus Tradition patriarchalisch und hierarchisch gegliedert. An ihrer Spitze steht der Vater. Die weitere Rangfolge ergibt sich grundsätzlich nach dem jeweiligen Alter. Dies beginnt bei der Mutter und führt vom ältesten bis zum jüngsten Kind in der Familie. Da aber allen männlichen Nachkommen traditionell ein höherer Wert beigemessen wird als Mädchen, wird die Altershierarchie in vielen Fällen entsprechend durchbrochen. Der Grund liegt darin, daß Männern beziehungsweise Jungen Eigenschaften wie »stärker und besser zu sein« sowie »mehr arbeiten zu können« nachgesagt werden. Demgegenüber gelten Frauen und Mädchen als »schwach« und befinden sich im Besitz der Männer. Diese geschlechtsspezifische Rollenverteilung drückt sich in allen Lebensbereichen aus, wobei für Jungen und Männer sowohl eine größere Dominanz als auch ein breiterer Freiraum eingeräumt wird. Hierzu gibt es nur eine einzige Ausnahme, bei der die erwachsene Frau dem Mann faktisch gleichgestellt ist: die Arbeit in der Landwirtschaft. In diesem Bereich ist der Mann darauf angewiesen, daß seine Frau die gleiche schwere körperliche Arbeit verrichtet wie er selbst.

Wie es um seine Rolle in der Familie bestellt ist, sagt Musto ganz deutlich: »Als Vater bin ich der oberste Herr im Hause. Was ich bestimme, muß auch von allen gemacht werden!« Die allgemeine Hierarchie läßt sich dagegen daran festmachen, wie sich alle Familienmitglieder untereinander anreden. Hierbei nennt Musto seine Frau bei ihrem kurdischen Vornamen Sahhe. Umgekehrt würde Sahhe dies jedoch nie wagen. Wenn ihr Mann in der Nähe ist, sagt sie deshalb zu ihren Kindern: »Sag deinem Vater, daß ich ihn sprechen möchte.« Wenn sie dagegen direkt neben ihm steht, beginnt sie unmittelbar zu reden, ohne ihn vorher angesprochen zu haben.

Ihre Kinder rufen die Eltern bei ihren kurdischen Vornamen. Sie selbst werden dagegen direkt mit »Bao« (kurdisch: Vater) und »Dae« (kurdisch: Mutter) angeredet. Unter sich machen die Kinder die Altersaufteilung dadurch kenntlich, daß sie die extra dafür vorgesehenen Wörter »Bra« (kurdisch: älterer Bruder) und »Mai« (kurdisch: ältere Schwester) benutzen. Jüngere Geschwister werden grundsätzlich mit ihrem kurdischen Vornamen angesprochen.

Bei einem gemeinsamen Gang der Familie durch das Dorf läßt sich die geschlechtsspezifische Hierarchie feststellen. Hierbei gehen der Vater oder die Söhne grundsätzlich voran, wohingegen die Mutter und die Töchter um einige Schritte zurückbleiben. Den gleichen Zusammenhang beleuchtet auch eine Redewendung, die Musto häufig in seiner Familie benutzt: »Wenn ich als Mann zu dir, meine Frau, spreche, dann sollen auch deine Töchter zuhören.«

Wenn du eine gute Frau sein willst ...

Die Kindererziehung gehört zu den traditionellen Aufgaben der Mutter. Zwar beansprucht auch Musto hierbei ein gewisses Mitspracherecht, da er aber nach altem Brauch als Vater nur ein distanziertes Verhältnis zu seinen Kindern besitzt, bestehen dafür nur wenig Einflußmöglichkeiten. Überdies ist der Kontakt zu seinen Kindern noch zusätzlich eingeschränkt, weil er sich wegen seiner Händlertätigkeit häufig gar nicht im Dorf aufhält.

Zu Mustos Verständnis von Erziehung gehört es deshalb, daß er als Mann sich um die Anmeldung der Geburten der Kinder kümmert und sie regelmäßig zu Schule schickt. Außerdem greift er je nach Gelegenheit in einzelne Konfliktfälle ein. Alles weitere überläßt er seiner Frau.

Die Erziehung selbst ist sehr eng an die herrschenden Traditionen gebunden. Diese beinhalten auch, daß Kinder je nach Geschlecht ab etwa fünf Jahren sehr streng behandelt werden und unbedingten Gehorsam ihren Eltern und älteren Geschwistern gegenüber leisten müssen. Wenn Kinder dem nicht nachkommen, werden sie mit verschiedenen Mitteln grundsätzlich bestraft. Das Erklären als Erziehungsmethode ist weitgehend unüblich.

Zu den wichtigsten Inhalten der Kindererziehung zählt das frühzeitige Einüben des Rollenverhältnisses von Jungen und Mädchen. So lernt Ousso als ältester Sohn zum Beispiel, daß beim Essen eine bestimmte Reihenfolge einzuhalten ist. Zuerst kommen der Gast oder die Großeltern dran, dann seine Eltern, danach er selbst und erst anschließend seine jüngeren Geschwister. Gleichfalls lernt er, daß er seine jüngeren Geschwister damit beauftragen kann, ihm Wasser, Tee oder seine Jacke zu bringen. Mit seinen jüngeren Brüdern hat er gemeinsam, daß er allgemein über mehr Rechte verfügt als seine Schwestern. Daran knüpft sich aber auch eine Verpflichtung seinen Schwestern gegenüber. So muß er darauf aufpassen, daß ihnen nichts »passiert«. Die Ehre von Eme und Fate, aber auch der ganzen Familie würde verletzt werden, wenn beide Kontakt zu anderen Jungen hätten. Aus dem gleichen Grund wird auch den Mädchen verboten, ab 13, 14 Jahren in irgendeiner Form mit Jungen zusammenzusein. Die Mutter sagt zu Fate: »Wenn du eine gute Frau sein willst, mußt du viel im Haushalt arbeiten. Dann kannst du später auch heiraten.«

Alle Kinder werden unterschiedslos zur Achtung älterer Leute erzogen. Sie müssen ihnen Platz machen und dürfen nur dann sprechen, wenn sie gefragt werden. Weiterhin lernen die Kinder, sparsam zu leben, gastfreundlich zu sein und eine große Hilfsbereitschaft zu zeigen. Hierbei sollen sie sowohl Nachbarn als auch Verwandten und Bekannten unentgeltlich und jederzeit Hilfsdienste leisten.

Es geschieht allerdings häufiger, daß die Mutter wegen der Menge der anfallenden Arbeit gar keine Zeit findet, sich um die Kindererziehung zu kümmern. Das wird dann meistens von denn älteren Geschwistern, aber auch von Großeltern und anderen Verwandten übernommen. Auch die Dorfgemeinschaft ist am Erziehungsprozeß beteiligt. So sagt Fate: »Ich lerne an anderen Frauen und Mädchen, wie ich mich verhalten muß.«

Unterwerfung oder Flucht

»Bei uns im Dorf«, erzählt Durso, »werden Konflikte nicht gelöst. Entweder man unterwirft sich oder man flieht.« Das gilt besonders für Konflikte innerhalb der Familie. Gemäß der traditionellen Hierarchie werden sie grundsätzlich zugunsten des sozial Stärkeren, das heißt des Mannes oder des Älteren, entschieden. Abweichend davon verlieren aber sowohl die Mutter als auch Eme zunehmend an Einfluß über ihre älter werdenden Söhne und Brüder.

Kennzeichnend für viele Konflikte ist es, daß sie erst gar nicht zur Sprache kommen, sondern daß sich die sozial Schwächere, zum Beispiel Eme, dem Willen des sozial Stärkeren, hier zum Beispiel Ousso, unterwirft, so wie es Tradition und Erziehung vorschreiben. Wenig Möglichkeiten bestehen dagegen, sich einem Konflikt durch Flucht zu entziehen. Da sich die meisten Familienangehörigen ständig im Dorf aufhalten, ist man früher oder später dem Zugriff des sozial Stärkeren ausgesetzt. Wenn dagegen ein Konflikt ausgetragen wird, zum Beispiel zwischen Mutter und einem Kind, versucht Sahhe zunächst noch, mit Schimpfen und Drohgebärden das Kind einzuschüchtern. Sie hebt einen Stein oder ein Stück Holz vom Boden auf und wirft damit scheinbar nach dem Kind. Wenn dies nichts nützt, wird der Unterlegene bestraft: durch Schlagen, Schreien, Einsperren, Essensentzug, vermehrte Arbeit und das Werfen mit Gegenständen. Da die Mädchen in der Familie mehr Beschränkungen unterliegen als Jungen und daher auch »eher etwas falsch machen« können, werden sie entsprechend häufiger von diesen Strafen betroffen.

Einzelne Konfliktfälle: Zwischen den Eltern kommt es häufig zu großen Streitereien. Sie liegen einmal daran, daß Musto selten zu Hause ist und in den späteren Jahren mit anderen Frauen schläft, aber auch daran, daß die Familie zu wenig Geld zur Verfügung hat. Bei diesen, aber auch bei geringeren Anlässen beschimpfen sich beide heftig, und es kommt oft dazu, daß Musto seine Frau schlägt. Deswegen hat Sahhe große Angst vor ihrem Mann. Wenn sie geschlagen wird, läßt sie dies widerstandslos über sich ergehen, weil sie weiß, daß er in jeder Hinsicht der Stärkere ist. Sich zu wehren würde nur noch mehr Schläge bedeuten. Aus dem gleichen Grund hält sich Sahhe auch bewußt zurück und schweigt, wenn ihr Mann bereits ärgerlich nach Hause kommt.

Die Kinder werden von ihren Eltern ebenfalls häufig beschimpft und geschlagen. Da der Vater sie aber schärfer bestraft, haben sie vor ihm auch größte Angst. Anlässe dafür gibt es genug. Wenn sie zum Beispiel wie andere Kinder schöne Kleider tragen wollen, die die Eltern nicht bezahlen können. Oder wenn sie etwas Geld gestohlen haben oder sich weigern, Arbeit zu verrichten.

Harte Auseinandersetzungen gibt es zwischen Eme und der Mutter, als Eme gegen den Willen Sahhes die Schule im Dorf besucht. Sie beschimpft ihre Tochter deswegen, schlägt sie und gibt ihr auch einige Tage nichts zu essen. Eme flüchtet sich deshalb eine Zeitlang zu ihren Großeltern und geht von dort aus zum Unterricht. Sie wird jedoch bald wieder nach Hause geschickt, weil sich die Großeltern nicht gegen den Willen von Sahhe stellen können.

Als Ousso nach seiner Grundschulzeit nicht mehr im Dorf arbeiten, sondern nach Istanbul fahren will, machen ihm seine Eltern heftige Vorwürfe, und sein Vater schlägt ihn. Oussos Verhalten stellt nämlich einen schweren Verstoß gegen den Brauch dar, nach dem der älteste Sohn auf den elterlichen Feldern zu arbeiten hat. Und Musto und Sahhe sind darauf auch angewiesen. Beide können jedoch nichts dagegen machen, als er trotzdem geht.

Bei vielen Streitereien, die die Kinder untereinander haben, greift die Mutter ein und versucht zu schlichten. Dies macht sie allerdings nicht, wenn ein jüngeres dem älteren den Gehorsam verweigert. In diesem Fall unterstützt sie das ältere Kind. So werden die Schwestern häufig von ihren Brüdern geschlagen oder anderweitig bestraft, wenn sie ihnen zum Beispiel nicht noch etwas zu essen bringen. Ein schlimmes Vergehen ist es, als Eme mit 13, 14 Jahren noch einige Male mit Jungen aus der Nachbarschaft spielt. Da dies grundsätzlich für sie als Mädchen verboten ist, wird sie von Ousso und Durso geschlagen und ins Haus gesperrt. Aus gleichem Anlaß wird sie ein anderes Mal dadurch bestraft, daß ihre Brüder sie zwingen, besonders schwere Arbeit zu verrichten.

Der Vater steht etwas außerhalb der Familie

Tradition und wirtschaftliche Lebensbedingungen führen in Kortu dazu, daß alle Mitglieder einer Familie sehr stark zusammenhalten. Etwas außerhalb des Zusammenlebens der Familie steht dagegen der Vater. Durch ein gewisses distanziertes Verhalten Frau und Kindern gegenüber bewahrt er sich seine Rolle als oberste Autoritätsperson. Dies hat zur Folge, daß die Kinder meistens mit den Müttern zusammen sind und zwischen ihnen auch die engste Bindung besteht.

Bei den Özgans wird dies noch dadurch verstärkt, daß der Vater wegen seiner Arbeit als Händler nur selten im Dorf ist. Aus diesem Grund bekommen alle in seiner Familie nur wenig von ihm mit, und die persönlichen Bindungen an ihn sind nur gering. Trotzdem wird seine Dominanz als Vater von allen anerkannt, sobald er sich in der Familie aufhält.

Sahhe und ihre Kinder besitzen demgegenüber ein sehr enges und vertrautes Verhältnis zueinander. Zwar ist das Verhalten der Mutter häufig durch Strenge gegenüber ihren Kindern gekennzeichnet, aber auch durch Zärtlichkeit. Abgesehen von Tabus ist Sahhe zudem sehr offen zu ihnen und erzählt ihnen alles. Ihr Zusammenleben löst sich allerdings teilweise auf, als Ousso für fünf Jahre nach Istanbul geht und Durso wenig später die Mittelschule in Tunceli besucht. Trotz dieser Trennung bleibt jedoch zwischen ihnen der Familienzusammenhalt bestehen.

Die Derwische und der heilige Berg »Düzgün Baba«

Die Natur erfaßt alle Lebensbereiche der Familie und läßt vieles als schicksalhaft erscheinen. Ihre Existenzgrundlage wird ständig bedroht, entweder dadurch, daß jemand krank wird, die Tiere sich verletzen, die Ernte schlecht ausfällt oder das Wasser des einzigen Baches ausbleibt. Hoffnung und Hilfe erwarten die Özgans dann von den heiligen Männern und Stätten, die sie von der alevitischen Religion und dem Aberglauben her kennen. Der Vater Musto hat davon – als einziger der Familie – etwas Abstand genommen, weil er durch seine Händlertätigkeit nüchterner geworden ist. Vielen religiösen Riten kann er sich aber nicht entziehen.

Alevitentum und Aberglaube sind eng miteinander verbunden. Dies zeigen die Glaubensgrundsätze ihrer wichtigsten Vertreter. Sowohl der Hoca in Kortu als auch die Derwische beten einerseits zu Allah, der in kurdisch »Hag« genannt wird, andererseits zu den heiligen Felsen und Steinen sowie zu Sonne und Mond.

Aufgrund ihrer magischen Kräfte genießen die Derwische ein ganz besonderes Ansehen. Wenn sie ein- oder zweimal im Jahr von Sivas und Elazig anreisen, verbreitet sich ihre Ankunft wie ein Lauffeuer im Dorf. So wie Sahhe und Musto sind viele Familien darum bemüht, die heiligen Männer in ihr Haus zu holen. Hier haben sich bereits Kinder, Frauen und Männer eingefunden und folgen nun mit großer Aufmerksamkeit den Handlungen der Derwische. Diese leiten die Sitzungen mit Gebeten, Tänzen und Gesängen ein. Anschließend wird einigen der Anwesenden die Zukunft vorausgesagt, Ratschläge in Lebensfragen werden erteilt und Kranke geheilt. Während dessen wird ein Ofen im Raum so lange beheizt, bis das Gehäuse zu glühen beginnt. Nun vollführt der Derwisch seine Kunststücke. Mit bloßem Gesicht berührt er das glühende Eisen und greift sich Glut aus dem Ofen. Andere Male schluckt und speit er selbst Feuer. Mitunter treibt er diese Kunststücke bis spät in die Nacht, so daß er nur durch das Schlachten einiger Tiere zum Aufhören bewegt werden kann. Für alle Dienste bezahlt man die heiligen Männer mit Geld.

Mustos Familie nimmt ihre Hilfe sehr oft in Anspruch. Einmal sind es Hexen, von denen sich Sahhe abends befallen fühlt und die sie vom Derwisch erfolgreich vertreiben läßt. Die Özgans suchen auch andere Wahrsager auf. Es sind die »Babas« im Dorf, alte Männer, die es verstehen, aus Schnüren zu weissagen.

Wundersame Kräfte gehen jedoch nicht nur von den Derwischen und »Babas« aus, sondern auch von verschiedenen heiligen Stätten. Zu ihnen zählen einmal drei kleine Felsen, die am Dorfeingang stehen. Jedesmal wenn die Kinder oder die Mutter nach der Feldarbeit hier vorbeikommen, legen sie Obst und etwas Geld nieder und küssen die Steine. Dies soll Unheil von ihnen abwenden. Ein alter Brauch erlaubt dabei den ärmeren Bauern, diese Opfergaben wieder mitzunehmen.

Etwas abseits davon steht der heilige Baum »Jara Vileskere«. Es ist eine alte Eßkastanie, an der sich Wünsche erfüllen sollen. In der Zeit, als Musto fortgefahren ist, knien seine Kinder hier nieder und beten, damit der Vater gesund bleiben möge.

Auf der gleichen Seite von Kortu liegt der heilige Berg »Şameşa«. Als ihre Kinder mehrmals erkranken, steigt Sahhe zu ihm hinauf und betet dafür, daß dieser ihre Kinder wieder gesund macht. Um »Şameşa« für ihr Anliegen zu gewinnen, opfert sie ihm Geld, Obst und Nüsse und entzündet einige Fettdochte, die sie mitgebracht hat.

Der weitaus wichtigste Ort ist jedoch der heilige Berg, der von allen Bewohnern der Umgebung »Düzgün Baba« genannt wird. Obwohl er rund zwei Wegstunden in nordöstlicher Richtung von Kortu entfernt liegt, pilgert die ganze Familie Özgan mehrmals im Jahr zu ihm hin. An diesem Ort sollen sich vor 500 Jahren berühmte Derwische aus Persien niedergelassen haben und von hier aus lange gepredigt haben. Entsprechend groß ist die Ehrerbietung, die der Berg noch heute allen Pilgern abverlangt. Wenn sie ihn betreten, müsssen sie sich die Schuhe ausziehen und zwei bis drei Tage auf ihm verweilen, um zu beten. Wer sich ihm hierbei nicht unterwirft, wird von der grausamen Rache »Düzgün Babas« getroffen. So weiß eine alte Geschichte davon zu erzählen, daß er zwei ungehorsame Studenten erblinden ließ. Mit entsprechender Angst und Ehrfurcht begegnet die Familie diesem Berg. Ihre Bittgebete haben dabei viele Anlässe, so zum Beispiel den Wunsch der Söhne, später einen guten Beruf zu bekommen, oder aber, daß die Mutter darum fleht, genügend Brot für die Kinder zu haben. Wie groß die Bedeutung des heiligen Berges ist, zeigt die im Dorf übliche Schwurformel. Die Leute sagen: »Ich schwöre bei Düzgün Baba«,und das kann dann nur bedeuten, daß sie wirklich die Wahrheit gesprochen haben, denn ansonsten hätten sie die Strafe des Berges längst bekommen.

Abergläubische Riten begleiten auch den Alltag. Gleich ihren Vorfahren küssen Musto und Sahhe bei Sonnenaufgang eines jeden Tages die Türpfosten ihres Hauses und drücken ihre Stirn gegen bestimmte Stellen der Mauern. Damit soll Schaden von der Familie abgewendet werden und alles gelingen, was man sich vorgenommen hat.

Eine geringe Rolle spielt der Freitag, der unter Moslems als heiliger Tag der Woche dem Gebet gewidmet ist. Die Religion erlaubt es den Aleviten, diesen zu übergehen. Trotz der vielen Arbeit ist die Mutter jedoch darum bemüht, zumindest am Abend dieses Tages etwas Zeit zu finden, um Fettdochte zu entzünden und für die Kinder einige Gebete zu sprechen.

Ende 1973 wird die Familie in großen Schrecken versetzt. Als Sahhe nämlich gerade wegen einer schweren Krankheit in die Stadt weggebracht wird, um dort operiert zu werden, sehen ihre Kinder einen schwarzen Vogel im Garten des Hauses. Ein Unglück. Entsetzt laufen sie zu ihrer Großmutter. Diese gibt ihnen den Rat, den verhexten Vogel mit Steinen und Stöcken fortzujagen und anschließend den kurdischen Gott »Hag« zu bitten, daß die Mutter nicht sterben möge.

Öffentliche und private Feste gibt es nur wenige im Dorf. So werden viermal im Jahr Festtage gefeiert, an denen die ganze Bevölkerung teilnimmt und bei denen auch ein Großteil der Arbeit ruht. Das wohl wichtigste Fest in diesem Zusammenhang liegt in den späten Sommermonaten. Hierbei ziehen die Familien mit einigen Tieren zum »Düzgün Baba« und verbringen dort etwa drei Tage in einer

Höhle. Schafe und Ziegen werden geopfert, und man betet für das Wohlergehen der Angehörigen.

Im Herbst wird das traditionelle Opferfest »Kurban bayram« begangen. Es wird im Dorf selbst gefeiert undd dauert vier Tage. In dieser Zeit wird vor allem zu »Hag« gebetet, einige Tiere werden geschlachtet, und es setzt eine rege Besuchstätigkeit unter den Familien ein. Kinder und Erwachsene freuen sich auf dieses Fest ganz besonders, denn es zählt zu den wenigen Tagen im Jahr, an denen es ausreichend Fleisch zu essen gibt.

In den Wintermonaten beginnt die zwölftägige Fastenzeit. Während dieser Zeit wird die übliche Arbeit fortgesetzt, man darf jedoch tagsüber keine Nahrung zu sich nehmen und auch keine Flüssigkeit. Aber auch hier ist es den Aleviten von der Religion her freigestellt, ob und inwieweit sie diesen Gesetzen folgen wollen. Kinder und Kranke sind davon ohnehin ausgeschlossen. Sahhe ist so die einzige in der Familie, die wirklich fastet. Sie glaubt dadurch ihren Kindern helfen zu können.

Am Ende dieser Fastenzeit wird das Fest »Desdi imam« gefeiert, was auf kurdisch soviel wie »zwölf Imame« bedeutet. Jetzt wird eine süße Suppe gekocht und an andere Familien verteilt. Für sich selbst bereitet man kleine Fleischgerichte.

Im Dezember liegt das letzte Fest des Jahres. Es ist das kurdische Neujahrsfest »Gaga«. Im Gegensatz zu allen vorangegangenen Festen wird dies nicht besonders gefeiert. Tagsüber wird die Arbeit nur für wenige Gebete unterbrochen, die sich an die heilige Stätte und die Sonne richten, und abends schenkt man den Kindern einige Nüsse und Äpfel.

Anlässe für Feste in der Familie bilden Hochzeiten, Geburten und die traditionelle Beschneidung der Jungen. Sie werden meistens im engen Familienkreis abgehalten und dauern wegen der anfallenden Tagesarbeit nur kurze Zeit.

Die Beschneidung der Jungen fällt in die Zeit zwischen ihrem ersten und 15. Lebensjahr. Sie geht auf eine religiöse Vorstellung zurück, derzufolge Böses von den Söhnen abgehalten werden soll. Wenn diese nämlich unbeschnitten sterben, so kommen sie in die Hölle. Unterschiedliche Motive veranlassen jedoch die Eltern, den einen männlichen Nachkommen früher, den anderen erst später beschneiden zu lassen.

Musto und Sahhe lassen bei ihrem Sohn Ousso bereits mit zwei Jahren die Beschneidung ausführen. Er ist der Älteste, dem später bei der Ernährung der Familie eine besondere Bedeutung zukommt, weshalb er durch diese rituelle Handlung möglichst frühzeitig geschützt werden soll. Bei allen übrigen Söhnen lassen sich die Eltern mehr Zeit. Es sind vor allem Kostengründe - bei dieser Gelegenheit müssen Tiere geschlachtet werden und der Beschneidungsvorgang selbst muß mit Geld bezahlt werden -, die Musto warten lassen, bis dann alle anderen Söhne zusammen beschnitten werden können, und zwar von einem Mann im Dorf, der diese Technik beherrscht. Bei dieser »Operation« ohne Betäubung wird die Vorhaut über ein Rundholz gezogen und mit einem einfachen Messer abgeschnitten. Die Wunden werden anschließend mit Tüchern verbunden. Wegen der großen Schmerzen, die jede Berührung mit der üblichen Kleidung verursacht, laufen die Jungen in der folgenden Zeit nur in Kitteln herum. Während des Eingriffs dürfen Eme und Fate im Raum nicht anwesend sein. Für alle Mädchen ist das verboten. Dafür sind sie aber beim anschließenden Fest dabei. Ihre Brüder sind jetzt zu »richtigen Moslems« geworden, und das feiern alle zusammen mit einem guten Essen. Die Kinder erhalten Geschenke. Für die Mädchen gibt es zum ersten Mal in ihrem Leben Bonbons, die der Vater aus der Stadt mitgebracht hat, für die Jungen ebenfalls Süßigkeiten und etwas Geld.

Wenn der Hahn nicht kräht, wird er geschlachtet

Die Dorfbevölkerung ist in ihrem Leben und ihrer Arbeit fast vollständig von der Natur abhängig. Da erst sehr spät technische Neuerungen wie etwa Uhren oder Kalender eingeführt werden, schafft der Wechsel der Jahreszeiten ein natürliches Zeitmaß, nach dem sich alle richten. Das Jahr über ermöglicht dies nur eine grobe Zeitbestimmung, und mehr ist auch gar nicht notwendig. Denn es gibt in Kortu nichts, was zeitlich genauer festzulegen wäre oder was man als »Termin« einhalten müßte. Die wenigen öffentlichen Feiertage verschieben sich ohnehin häufig und werden vom Hoca bekanntgegeben. Das einzige wirklich feste Datum, der erste Schultag in jedem Jahr, wird dagegen rechtzeitig vom Lehrer mitgeteilt, der zu diesem Zweck jede Familie besucht.

Es gibt zwar ein kurdisches Kalenderjahr, das zwölf Monate kennt, da es aber nur mündlich überliefert wird, weiß niemand genau zu sagen, wann ein Monat nun begonnen oder geendet hat. Man kann sich hierbei nur ungefähr nach den Pflanzen und Bäumen oder aber nach den Tieren richten, und man orientiert sich am Wetter. Danach dauert die trockene und heiße Sommerzeit etwa sechs Monate, von Mai bis Oktober, und der regen- und schneereiche Winter von November bis Ende April.

Die Natur bestimmt ebenfalls den Tagesrhythmus der Familie. Vor Sonnenaufgang wird so die Mutter durch das Krähen des Hahnes geweckt. Wie wichtig seine Funktion ist, zeigt auch ein kurdisches Sprichwort: »Wenn der Hahn nicht kräht, wird er geschlachtet.« Tagsüber ist man daran gewöhnt, sich nach dem Sonnenstand zu richten. Sprichwörtlich arbeitet man von Sonnenaufgang bis Sonnenuntergang auf den Feldern. Nachdem es draußen dunkel geworden ist – in den Sommermonaten dauern die Tage etwa zwei bis drei Stunden länger –, gehen Kinder und Erwachsene recht bald schlafen.

An diesem natürlichen Lebensablauf ändert sich nur wenig, als Musto 1961 die erste Armbanduhr und 1962 das erste Radio ins Dorf bringt. Er selbst ist sowieso häufig außerhalb beschäftigt, weshalb kaum einer Gelegenheit erhält, einen Blick auf seine Uhr zu werfen. Das Batterie-Radio bleibt zwar im Haus der Familie und erfreut sich großer Aufmerksamkeit, aber die allerwenigsten verstehen die Zeitangabe, da sie in türkisch gesprochen wird. Für eine eigene Zeitrechnung sorgen dabei die wenigen Weltnachrichten, die im Dorf bekannt werden. Durch sie werden familiäre Ereignisse, die in die gleiche Zeit fallen, nachträglich auf ein Jahr genau bestimmbar. Ein solches Jahr ist 1963. Hierbei sagt man dann: »Das war doch damals, als Kennedy ermordet wurde.« Einen weiteren Anlaß, private Ereignisse datieren zu können, bietet das Jahr 1969. Die Einwohner von Meşeyolu hören davon, daß die Amerikaner auf dem Mond gelandet sind. Diese Nachricht hat übrigens auch Rückwirkungen auf den herrschenden Aberglauben: Seit dieser Zeit glaubt niemand mehr an den »heiligen Mond«.

Ab 1972 besitzen die ältesten Kinder Sahhes eine eigene Armbanduhr. Ousso hat sich seine in Istanbul gekauft. Hier im Dorf brauchen sie die Uhr aber nicht. Sie ist ein Statussymbol.

Für Sahhe beginnt der Tag vor Sonnenaufgang

Im Sommer steht die Mutter noch vor Sonnenaufgang um etwa 5.30 Uhr auf. Während die Familie noch schläft, widmet sie sich zuerst einer rituellen Handlung. Sie geht zur Haustür, küßt sie und berührt einige kleine Gefäße an der Wand, die mit Erde und Hölzchen gefüllt sind. Dadurch werden böse Geister vom neuen Tag ferngehalten. Anschließend entfacht sie vor dem Haus ein Feuer und backt Brotfladen aus dem Teig, den sie am Vorabend angesetzt hat. Danach holt sie sich aus der Vorratskammer die Krüge mit Joghurt und stellt daraus Butter, *Ayhran* und *Cökelek* her. Jetzt ist es Zeit, ihre Töchter zu wecken. Die Sonne ist bereits aufgegangen, und Eme oder Fate müssen das Frühstück vorbereiten. Teewasser wird aufgesetzt, die flachen Stühle und der Tisch werden vor das Haus geräumt und das Essen angerichtet. Gleichzeitig muß aber auch noch ein weiteres Kind auf-stehen, das die Kuh aus dem Stall holt und zum Dorfrand treibt. Dort bleibt es tagsüber sich selbst überlassen.

Erst wenn alles für das Frühstück vorbereitet ist, werden der Vater, die älteren Brüder und die Kleinkinder geweckt. Es ist etwa 6.00 Uhr. Die ganze Familie setzt sich nun zum Essen zusammen. Es gibt Tee, Brot, *Ayhran* und *Cökelek*. Man nimmt sich dafür nur wenig Zeit, weil man bereits um 7.00 Uhr auf den Feldern mit der Arbeit beginnen will. Bevor sie das Haus verlassen, werden noch kleinere Tätigkeiten verrichtet, und die Mutter sagt ihrer Tochter Eme, was sie alles im Haushalt erledigen soll. Eme bleibt tagsüber zu Hause.

Dann brechen die Eltern und alle Kinder ab fünf oder sechs Jahren auf und ziehen mit dem Maultier und Arbeitsgeräten zu ihren Feldern hinaus. Dort treffen sie auf die beiden Brüder von Musto, und alle zusammen machen sich je nach Jahreszeit an die notwendigen Arbeiten. In der Erntezeit, in der es besonders heiß ist, stehen Kinder und Erwachsene gebückt in einer Reihe und schneiden das Korn mit Sicheln ab. Um etwas Abwechslung zu haben, erzählen sie sich nebenbei Witze, oder man spricht über irgendwelche Vorfälle im Dorf. Zwischendurch legen sie kurze Pausen ein, bei denen sie sich in den Schatten setzen und etwas Wassser trinken.

Eme versorgt unterdessen ihre kleinsten Geschwister und macht das Haus sauber. Außerdem muß sie rechtzeitig das Mittagessen vorbereiten.

Da die Felder der Familie nicht weit vom Dorf entfernt liegen, kehren alle, die draußen arbeiten, um etwa 12.00 Uhr zum Essen ins Dorf zurück. Hierfür läßt sich die Familie länger Zeit. Da jetzt die größte Hitze am Tag herrscht, setzt man sich in den Schatten der Bäume und verzehrt hier die Mahlzeit. Es ist das gleiche Essen wie am Morgen, nur daß zusätzlich noch Wasser getrunken und rohes Gemüse zu Brot gegessen wird. Während sich der Vater und die Söhne anschließend ausruhen, säubern Mutter und Töchter das Geschirr und räumen es weg.

Um 14.00 Uhr etwa bricht man erneut zu den Feldern auf und arbeitet dort bis zum Sonnenuntergang. Der ist um 18.00 Uhr.

Zweimal im Monat ist die Familie an der Reihe, alle Schafe und Ziegen aus Kortu auf die umliegenden Bergweiden zu bringen. Diese Aufgabe wird von jeweils zwei Kindern übernommen, die dann von der Feldarbeit befreit sind. Bei dieser Gelegenheit müssen sie um 6.00 Uhr aufstehen. Sie sammeln zunächst die rund 400 Tiere aus allen Ställen des Dorfes und ziehen mit ihnen auf die Berge. Der Weg dorthin dauert manchmal zwei Stunden und mehr, weil gute Weideplätze in der Umgebung immer weniger werden. Hier hüten die Kinder während des ganzen Tages die Herde. Dies ist eine anstrengende und teilweise gefährliche Arbeit. Ständig müssen sie darauf achten, daß sich die Schafe und Ziegen nicht verletzen oder verloren gehen. Besondere Angst haben die Kinder dabei vor Bären, Wölfen und Adlern, von denen es viele in dieser Gegend gibt. Sie kommen häufiger und reißen dann einige Tiere. In diesem Fall bleibt den Kindern nichts anderes übrig, als fortzulaufen. Wenn sie bei Sonnenuntergang die Herde wieder ins Dorf zurücktreiben, geschieht es zuweilen, daß einige Familien beim Zusammensuchen ihrer Tiere ein Schaf oder eine Ziege vermissen. Dann kommt es jedesmal zu großen Streitereien.

Bei einsetzender Dämmerung kehren auch die anderen Familienmitglieder von der Feldarbeit nach Hause zurück. Man wäscht sich zuerst kurz Gesicht und Hände an der Waschgelegenheit im Flur, und die Mutter oder eine der Töchter macht sich an die Vorbereitung des Abendessens. Während dieser Zeit kümmern sich alle anderen um Arbeiten, die noch außerhalb des Hauses zu verrichten sind. Ein Kind bringt die Kuh vom Dorfrand in den Stall zurück, und zwei ältere Geschwister gehen mit der Tragestange und dem Tonkrug zum

Bach, um für den nächsten Tag Wasser zu holen. Wieder andere suchen die Umgebung nach Brennholz ab und bringen es in Bündeln zum Haus. Anschließend setzt sich die ganze Familie im Wohnraum des Hauses zusammen und verzehrt das Abendessen. Es besteht wiederum aus Brotfladen, Tee, *Ayhran,* Butter, *Cökelek* und etwas Gemüse und Obst. Danach haben die Männer der Familie frei.

Musto geht dann manchmal ins Dorf-Kaffeehaus und spielt Karten. Die Söhne spielen draußen mit Nachbarsjungen. Während dessen sind die Mutter und die Töchter im Haushalt beschäftigt. Sie richten Brotteig und einige Milchprodukte für den kommenden Tag her und machen verschiedene Handarbeiten. Einige Male finden sie auch noch Zeit, um gemeinsam eine Nachbarsfamilie zu besuchen.

Um 20.00 Uhr erstirbt das Leben im Dorf weitgehend. Draußen ist es jetzt dunkel. Kinder und Erwachsene kehren müde in die eigenen Häuser zurück. Sahhe zündet die beiden Petroleumlampen im Wohnraum an, die etwas Licht werfen. Dann bereitet sie das Nachtlager der Familie vor. Wollmatratzen, die tagsüber in einer Ecke des Raumes zusammengestellt sind, werden nun über den ganzen Erdboden gelegt. Man läßt sich nieder und unterhält sich noch ein wenig über das, was man am Tag erlebt hat, oder plant Arbeiten für den kommenden Tag. Die Mutter macht nebenher Handarbeiten. Wenn die Kinder zwischen neun und zehn Uhr noch nicht schlafen, erzählt ihnen Sahhe ein kurdisches Märchen oder eine Geschichte aus ihrem Leben. Bald darauf legen sich dann auch die Eltern schlafen. Da die Wollmatratzen im Raum nur wenig Platz lassen, müssen sich Eltern und Kinder dicht aneinanderdrängen. In sehr heißen Nächten räumen sie jedoch die Matratzen auf das Dach ihres Hauses und schlafen dort.

In den Wintermonaten sind die Tage wesentlich kürzer, und die Familie hält sich wegen des hohen Schnees nur im Haus oder im Dorf auf. Der Arbeitstag dauert in dieser Zeit von 8.00 Uhr morgens bis 18.00 Uhr abends. Wiederum ist es Sahhe, die als erste aufsteht und als letzte schlafen geht. Dabei bereitet sie mit ihren Töchtern drei Mahlzeiten zu, von denen eine warm gekocht wird. Für die Mutter bedeutet diese Zeit noch mehr Arbeit als im Sommer, weil ihre Kinder tagsüber in der Schule sind und ihr Mann häufig mit Außenarbeiten beschäftigt ist. So schafft Musto zusammen mit anderen

Männern Holzstämme und Steine auf Schlitten ins Dorf, die als Baumaterial verwendet werden.

Deshalb ist Sahhe meistens alleine, wenn sie zunächst den Schnee vom Dach herunterschaufelt und anschließend mit einem Stein die Erddecke des Dachs feststampft. Dies wird gemacht, damit keine Feuchtigkeit ins Haus eindringen kann. Trotzdem läuft aber immer wieder Schneewasser herein und fließt an den Wänden des Wohnraums hinab. Wegen der großen Kälte muß dieser auch ständig beheizt werden. Dazu läßt Sahhe das Feuer sowohl in der offenen Herdstelle als auch im Blechofen Tag und Nacht brennen. Wegen der schlechten Bauweise des Hauses wird der Wohnraum aber nie richtig warm.

Wenn das Feuer einmal ausgegangen ist, geht Sahhe zu einer Nachbarin und holt sich dort neue Glut. Sie besitzt zwar auch einige Streichhölzer, will sie aber, da sie sehr kostbar sind, so lange wie möglich aufbewahren.

Zu den Hausarbeiten, die für sie zusätzlich anfallen, gehören das Füttern des Viehs, das um diese Jahreszeit im Stall bleibt, und das Stricken von Jacken für ihre Kinder. Besonders schwierig ist das Wasserholen. Der zugefrorene Bach muß jedesmal aufgehackt und das Wasser den rutschigen Weg zum Haus hochgetragen werden. Daher wäscht sie im Winter auch nur selten die Kleider ihrer Familie. Sie sind auch kaum zu trocknen.

Das Radio ist eine Attraktion

Freizeit spielt für die Familie Özgan nur eine sehr untergeordnete Rolle, weil sie, wie die meisten in Kortu, fast das ganze Jahr über arbeiten muß: im eigenen Haus, auf den Feldern, auf den Bergweiden und anderswo. Ausgesprochene Ruhezeiten oder freie Zeiten sind tagsüber relativ kurz und dienen nur dazu, für den nächsten Arbeitstag genügend Kräfte zu sammeln. Sie fallen in aller Regel in die frühen Abendstunden vor dem Schlafengehen. Die Gestaltung dieser verbleibenden Zeit wird einmal durch das eingeschränkte und naturbedingte Leben bestimmt, andererseits hängt sie von der geschlechtsspezifischen Erziehung ab:

● Wenn sich der Vater im Dorf aufhält und die Feldarbeit in den späten Nachmittagsstunden beendet ist, hat er anschließend meistens frei. Dann geht er ins Kaffeehaus, wo die Männer unter sich sind. Es wird Tee getrunken, Karten oder Tavla gespielt und über verschiedene Ereignisse im Dorf diskutiert. Bei dieser Gelegenheit stößt es bei den anderen Männern auf großes Interesse, wenn Musto von seinen Fahrten als Händler und vom Leben ferner Städte erzählt.

Manchmal ist er um diese Tageszeit auch zu Hause und unterhält sich mit Sahhe. Im Mittelpunkt ihrer Gespräche stehen vor allem die Alltagsprobleme. Um seine Kinder kümmert sich Musto auch dann kaum, weil es für ihn »als Mann wichtigere Aufgaben« gibt.

● Die Mutter hat keine eigentliche Freizeit. Wenn die Tagesarbeit außerhalb des Hauses abgeschlossen ist, muß sie den Haushalt versorgen und nebenher die Kinder erziehen. Manchmal setzt sie sich mit anderen Frauen zusammen und macht nebenbei verschiedene Handarbeiten. Dabei sprechen die Frauen über ihre Kinder, die gerade erkrankt sind, über ihre Männer, von denen sie wieder einmal geschlagen worden sind, oder aber über Tiere, die Junge bekommen haben. Häufiger ist Sahhe jedoch mit den Kindern im Haus zusammen. Sie unterhält sich während der Hausarbeit mit ihnen und spielt, wenn sie etwas Zeit findet, mit den kleinsten. Abends, vor dem Einschlafen, werden dann kurdische Märchen erzählt.

● Für die Kinder gibt es bis zum fünften Lebensjahr noch sehr viele Freiheiten. Sie halten sich hauptsächlich in der Nähe ihrer arbeitenden Eltern und Geschwister auf. Jungen und Mädchen spielen zusammen: mit Steinen und Hölzern, formen aus Erde Tiergestalten, werfen mit einfachen Stoffbällen nach Felsbrocken oder spielen miteinander »Familie«.

Sind sie fünf Jahre, beginnen die älteren, sie zunehmend mit kleineren Arbeiten im Haus und auf den Feldern vertraut zu machen. Die Spiele bestehen nun aus Fangen und Verstecken, Tauziehen, dem Treiben von selbstgebastelten Kreiseln, dem Hüpfen auf Kästchen, die sie in den Boden eingeritzt haben, sowie aus dem Mühle-Spiel, das auf die gleiche Weise hergestellt wird. Im Winter rutschen sie viel über Schnee und Eis.

Einige Male im Jahr kommt auch ein Händler mit Maultieren ins Dorf, der auch neues Spielzeug mitbringt. Musto und Sahhe können dies allerdings nicht für ihre Kinder kaufen, weil es zu teuer ist. So bleiben die Kinder bei den altvertrauten Spielen.

Als Eme etwa elf Jahre alt ist, sagt Sahhe zu ihrer ältesten Tochter: »Du darfst jetzt nicht mehr spielen, du mußt jetzt im Haushalt helfen und auf deine Geschwister aufpassen.« Für sie ist damit der Kontakt zu Jungen verboten und die Freizeit beendet. Ousso und Durso haben dagegen nach der Feldarbeit immer noch Zeit, mit anderen Jungen in der Umgebung herumzustreichen und »Abenteuer« zu erleben. Außerdem dürfen sie im Wasser am Bach spielen, was Eme ebenfalls verboten ist. Wenn nämlich eine weibliche Person baden geht und dabei gesehen wird, wird sie im Dorf als Hure bezeichnet.
● Eine große Attraktion stellt im Dorf das Radio dar. Musto hat es 1962 in der Stadt gekauft und stellt es in seinem Hause auf. Das Ereignis spricht sich im Dorf schnell herum, und die Nachbarn besuchen die Familie Özgan in der folgenden Zeit. Dabei sitzen alle in den Abendstunden vor dem laufenden Radio und hören sich die türkischen Sendungen an. Die allerwenigsten verstehen jedoch wegen mangelnder Sprachkenntnisse etwas. Musto und die wenigen anderen Männer, die Türkisch verstehen, kommen zu den vollen Stunden zusammen, um sich die Nachrichten anzuhören. Obwohl Sahhe diese Sprache nicht spricht, ist das Radio für sie eine willkommene Abwechslung. Während sie mit Hausarbeit beschäftigt ist, hört sie sich türkische Musik an. Soweit die Kinder einige Jahre auf der Grundschule waren, verstehen sie einen geringen Teil der türkischen Sendungen.

Die Schule ist das einzig »Türkische«

Die Einwohner Meşeyolus betrachten ihre Schule mit einem gewissen Stolz. Es ist noch nicht lange her, da besaßen sie, wie viele andere Nachbardörfer heute noch, überhaupt keine Schule. Mit den Jahren ist aber ihr Schulhaus, das nur aus zwei Klassenräumen besteht, viel zu klein geworden. Die Bevölkerung hat sich rasch vermehrt, die Nachbardörfer Veroz und Derekarsanu schicken ihre Schulkinder regelmäßig hierher, und außerdem wurde die vierjährige Grundschulzeit auf fünf Jahre ausgedehnt. So werden in den beiden Räumen durchschnittlich 200 Schulkinder unterrichtet, und zwar von zwei kurdischen Lehrern. Einer von ihnen stammt aus dem Dorf, der andere kommt aus Tunceli. Mitte der sechziger Jahre verbessert sich die Situation, als die Dorfschule zwei weitere Lehrer zugewiesen bekommt. Die Raumnot ist nach wie vor groß und verschlimmert sich, als 1971 das Schulgebäude wegen Baufälligkeit abgerissen werden muß. Anderthalb Jahre findet der Unterricht in Privaträumen im Dorf statt, die von den Eltern angemietet wurden. Diese sind aber noch kleiner und nur ungenügend ausgestattet, so daß der Unterricht mehrmals in andere Unterkünfte verlegt werden muß. Erst Anfang 1973 kann wieder ein normaler Schulbetrieb aufgenommen werden, als die neue Schule fertiggestellt ist. Sie umfaßt jetzt drei Klassenräume.

Wie alle anderen Eltern wollen Musto und Sahhe ihre Kinder auf die Schule schicken, nicht nur, weil es das türkische Gesetz verlangt, sondern auch, weil sie aus eigener Erfahrung wissen, welche Nachteile eine fehlende oder mangelnde Schulausbildung hat. Sahhe geht jedoch davon aus, daß bei ihren Töchtern eine kurze Schulzeit ausreichen wird, weil sie ohnehin frühzeitig heiraten werden. Ihr Mann will dagegen prinzipiell auch den Mädchen eine möglichst lange Schulbildung gewähren, da er die Unterschiede im Leben von »Studierten« und Arbeitern kennengelernt hat. Er kümmert sich allerdings mehr um den Schulbesuch seiner Söhne.

Die Einschulung der Kinder findet in den späten Sommermonaten jedes Jahres statt. Kurz davor besucht der Dorflehrer jede Familie und trägt die Namen aller in Frage kommenden Kinder in ein dickes Buch ein. Da niemand einen Kalender besitzt, sagt er den Eltern gleichzeitig, wenn der erste Schultag beginnt. Hierbei entspricht es einer allgemeinen Tradition, daß Sahhe ihre Söhne bereits mit fünf Jahren in die Schule schickt, bei Eme und Fate dagegen bis zum siebten Lebensjahr wartet. Sie will nämlich ihre Töchter so lange wie möglich als Hilfe im Haushalt behalten.

Der Schulbesuch der Kinder ist für die Eltern im übrigen eine sehr kostspielige Sache. Sie müssen zwar kein Schulgeld bezahlen, aber für jedes Kind Schreibmaterial und eine eigene Schuluniform anschaffen. Bei letzterer behilft sich die Mutter damit, daß sie für Alo einen viel zu großen Schulanzug schneidern läßt, der ihm auch in späteren Jahren noch passen wird. Als Fate in die Schule kommt, hat die Mutter noch nicht so viel Geld sparen können, um auch ihr das schwarze Schulkleid mit dem weißen Kragen bezahlen zu können. So trägt Fate im ersten Schuljahr noch ihre Pyjamahose und einen Kittel.

An Wochentagen findet der Unterricht von etwa acht Uhr morgens bis mittags statt, in späteren Jahren auch nachmittags. Samstags und sonntags haben die Kinder keine Schule, ebenso an den drei, vier Feiertagen, die in die Wintermonate fallen.

Während des Unterrichts halten sich bis zu 70 Schulkinder in einem Raum auf, weshalb die Lehrer dazu übergegangen sind, zwei bis drei Klassen gleichzeitig zu unterrichten. Einige Jahre behelfen sie sich aber auch mit einer anderen Methode: Alle Schüler der ersten und zweiten Klasse sitzen im vorderen Teil des Raumes, und die dritte Klasse sitzt hinten. Eine Hälfte des Vormittags wird dieses Verfahren umgedreht. Bald sind die Lehrer gezwungen, diesen Schichtunterricht auf die Nachmittage auszudehnen.

In den frühen Herbstmonaten, wenn es draußen noch warm und trocken ist, setzen sich Lehrer und Schüler ins Freie und halten hier den Unterricht ab. Wenn die ersten Regenfälle einsetzen und die Kälte einbricht, findet er in den Schulräumen statt. Hier passiert es aber häufig, daß sich die Kinder nicht richtig auf das Lernen konzentrieren können, weil sie frieren. Sie besitzen keine Jacken, um sie über die Schuluniform zu ziehen. Der Klassenraum wird zwar beheizt – das Brennholz dafür schaffen abwechselnd die Eltern heran –, wegen der schlechten Bauweise des Schulhauses wird es jedoch nie richtig warm. Bei besonders großer Kälte fällt deswegen die Schule aus. Dies ist aber auch häufig der Fall, wenn die Kinder aus den Nachbardörfern wegen des hohen Schnees nicht nach Meşeyolu kommen können. Einige Male findet darüber hinaus kein Unterricht statt, weil einer der Lehrer aus dem Dorf abberufen worden ist und es einige Zeit dauert, bis ein neuer kommt.

Die Schule ist das einzig Türkische, was es im Dorf gibt. Dies zeigt bereits die Einrichtung der Klassenräume. An den Wänden hängen große Bilder von Kemal Atatürk und Tafeln mit seinen Aussprüchen. Weiterhin ist jedes Klassenzimmer mit einer schwarzen Tafel, einem kleinen Pult für den Lehrer und etwa 15 Schulbänken ausgestattet. Diese reichen natürlich nicht für alle Kinder aus, weshalb sich manchmal bis zu sechs auf eine Bank setzen müssen, die eigentlich nur für zwei gebaut ist. Die Sitzordnung der Kinder ist nach Geschlecht und Alter unterschieden: auf der einen Seite die Mädchen, auf der anderen die Jungen, vorne die jüngeren, hinten die älteren.

Der Unterricht dauert fünf Stunden. Nach jeder Stunde wird eine kurze Pause eingelegt, in der die Kinder umhergehen dürfen. Der Unterricht selbst ist stark auf den Lehrer ausgerichtet. Er geht dabei streng mit den Kindern um und erzieht sie zu unbedingtem Gehorsam. So müssen die Kinder die meiste Zeit stillsitzen und dürfen nur dann sprechen, wenn sie aufgerufen werden. Wenn sie irgend etwas Verbotenes tun, zum Beispiel spielen oder miteinander reden, werden sie vom Lehrer bestraft. Dazu gehört häufig, daß sie geschlagen werden: die Mädchen mit einem Stock auf die Hände, die Jungen ins Gesicht. Grundsätzlich werden aber Jungen und Mädchen vom Lehrer gleich behandelt.

Die Lernmethode beruht in weiten Teilen darauf, daß die Kinder viel auswendig lernen und alles, was der Lehrer auf die Tafel schreibt, in die Hefte übertragen müssen.

Wie in allen Schulen der Türkei ist auch hier die einzige Unterrichtssprache Türkisch. Für die kurdischen Kinder ist dies eine Fremdsprache, mit der sie viele Schwierigkeiten haben. So muß der Lehrer allein zwei Jahre darauf verwenden, ihnen das türkische Alphabet beizubringen. Neu ist für die Kinder, daß sie jetzt mit einem türkischen Vornamen angeredet werden und daß sie ihre eigene Sprache im Unterricht nicht verwenden dürfen. Wenn sie kein Türkisch sprechen, werden sie sofort vom Lehrer geschlagen. Bei den älteren Schülern bemüht sich der Lehrer sogar darum, daß sie auch zu Hause Türkisch sprechen. Zu diesem Zweck schickt er einige Schüler in die Familien ihrer Klassenkameraden und läßt sie anschließend berichten. Wenn dabei herauskommt, daß dieser oder jener Schüler Kurdisch gesprochen hat, wird er vor der Klasse ausgeschimpft und erhält Schläge.

Türkischer Nationalismus spielt im Unterricht eine große Rolle. Nachdem die Kinder jeden Morgen aufgesprungen sind und ihren Lehrer begrüßt haben, müssen sie folgendes Gelöbnis auf den türkischen Staat ablegen: »Ich bin ein Türke, bin fleißig und aufrichtig. Ich schwöre, die Jüngeren zu schützen und die Älteren zu respektieren. Mein Leben soll dem Leben der türkischen Nation gewidmet sein.« Später lernen sie dann von ihrem Lehrer, wer Kemal Atatürk war, und viele seiner berühmten Aussprüche, von denen einige in der

Fibel und an den Wandtafeln stehen. Von ihren Eltern haben die Kinder jedoch nie etwas von diesem Mann gehört, auch nicht, daß Atatürk für sie alle gekämpft haben soll, so wie es ihnen der Lehrer erzählt.

Die älteren Schüler lernen darüber hinaus die türkische Nationalhymne. Sobald es das Wetter zuläßt, müssen sie gemeinsam mit ihrem Lehrer singend durch das Dorf marschieren. Die meisten Einwohner wissen allerdings nicht, welches Lied der Lehrer mit ihren Kindern singt.

Zu den Unterrichtsfächern gehören in den ersten beiden Klassen neben Türkisch nur einige Stunden Mathematik und das Malen von Bildern. In den folgenden drei Jahren kommen noch Biologie, Sozialkunde und das Lernen von türkischen Liedern hinzu. Ein weiteres Fach ist für die Kinder ebenfalls völlig fremd. Es ist der sunnitische Religionsunterricht. Von ihren Eltern haben sie gelernt, daß sie als Kurden Aleviten sind und keine Sunniten. So sind sie erstaunt, als ihnen der Lehrer beibringt, daß gute Moslems in die Moschee gehen. Im Dorf gibt es aber gar keine Moschee, und außerdem wissen sie vom Hoca und von den heiligen Männern, daß sie als Aleviten diese gar nicht betreten dürfen. Wegen der Autorität des Lehrers wagen es aber die Kinder nicht, ihm zu widersprechen.

Die Kinder haben nicht nur bei solchen inhaltlichen Fragen Schwierigkeiten, dem Unterricht zu folgen. So ist manches, was der Lehrer an die Tafel schreibt, wegen der schlechten Lichtverhältnisse im Raum kaum zu lesen. Wenn sie dann etwas in ihr Heft schreiben wollen, müssen sie dies quer auf die Bank legen, weil sie zu dicht nebeneinander sitzen. Einige Schüler schreiben deswegen auch auf den Knien.

Mit ihrem Schreibmaterial müssen sie übrigens sehr sparsam umgehen. Papier und Bleistifte sind im Dorfladen sehr teuer, weshalb die Eltern ihren Kindern auch nur ein Heft und einen Bleistift für ein Schuljahr kaufen. Natürlich reicht das nicht aus. Aus diesem Grund haben sich die Kinder daran gewöhnt, ihre Hefte mehrmals hintereinander zu verwenden: sie radieren ihre vollgeschriebenen Hefte einfach wieder aus. Da aber nur zwei oder drei Kinder in der Klasse einen Radiergummi besitzen, müssen sie diese untereinander ausleihen. Bei kleineren Anlässen radieren sie dagegen mit den Fingern.

Jede Schulklasse hat ihren eigenen Klassensprecher. Er wird vom Lehrer bestimmt, und zwar danach, wer die sauberste Schuluniform trägt. Diese Auswahl geschieht nicht zufällig, weil die wichtigste Aufgabe des Klassensprechers darin besteht, seine Mitschüler täglich auf ihre Sauberkeit hin zu überprüfen. Dazu zählt, daß jeder Schüler ein sauberes Taschentuch haben muß, das Gesicht, Hände und Ohren gewaschen hat sowie kurzgeschnittene Fingernägel vorzeigen kann. Der Lehrer untersucht alle Kinder auf Kopfläuse.

Wenn die Schüler nur eine dieser Vorschriften nicht beachtet haben, werden sie vom Lehrer bestraft. So entdeckt eines Tages der Banknachbar Alos bei ihm Kopfläuse. Das wird dem Lehrer gemeldet, und Alo muß zu ihm vorgehen, wo er vor der ganzen Klasse ausgeschimpft wird. Er schämt sich sehr. Er wird nun zu seiner Mutter nach Hause geschickt, die ihm die Kopfläuse entfernen soll. Erst anschließend darf Alo wieder am Unterricht teilnehmen.

Zweimal in der Woche findet für die Schulkinder ein großes Ereignis statt: Sie erhalten »amerikanische Nahrung«, die den Lehrern aus Tunceli angeliefert wird. Sie besteht aus Milchpulver, Weizenmehl und Vitamintabletten. Für die Kinder ist das deswegen eine Besonderheit, weil sie normalerweise von zu Hause nichts zu essen und zu trinken mitbekommen und auch oft während des Unterrichts hungrig sind. An diesen Tagen bereiten sie sich jedoch auf dem Schulofen ein besonders schmackhaftes, warmes Getränk aus dem Milchpulver zu, für das sie eigens von ihren Eltern etwas Zucker zugesteckt bekommen. Der Lehrer verteilt an jedes Kind eine Vitamintablette und ein Fladenbrot, das für alle Kinder abwechselnd von drei Familien im Dorf aus Weizenmehl gebacken und in die Schule gebracht wird.

Aus den gleichen Gründen, warum Mädchen und Jungen in verschiedenen Altersstufen eingeschult werden, fallen auch ihre Schulbesuche sehr unterschiedlich aus. Sahhe sagt zu ihren Söhnen: »Ihr müßt immer regelmäßig zur Schule gehen.« Und die lassen sich durch nichts davon abhalten. Ihren Töchtern gegenüber verhält sich die Mutter jedoch anders, da sie sie nach wie vor im Haushalt benötigt. Besonders davon betroffen ist Eme, weil sie die älteste Tochter ist. Während ihre Brüder zur Schule gehen, muß sie sehr oft zu Hause bleiben und auf ihre jüngeren Geschwister aufpassen. Die Mutter verbietet ihr für diese Zeit, das Haus zu verlassen. So fehlt Eme manchmal zwei oder drei Tage im Unterricht, ab und zu aber auch ganze Wochen. Einige Male versucht sie gegen den Willen ihrer Mutter die Schule zu besuchen. Als die Mutter das merkt, wird Eme jedesmal von ihr geschlagen und beschimpft. Häufig kann Eme nicht pünktlich zum Unterricht erscheinen und wird deshalb vom Lehrer geschlagen. Fate ergeht es ähnlich, obwohl ihr von Eme schon viele Hausarbeiten abgenommen werden. Sie wird häufig vom Lehrer geschlagen, weil sie keine Hausaufgaben machen konnte oder ungekämmt und verspätet direkt von den Schafweiden zum Unterricht kommt.

Im Gegensatz zu den Brüdern macht es den Mädchen in den ersten Schuljahren überhaupt keinen Spaß, zur Schule zu gehen und zu lernen, und sie sind auch sehr schlecht im Türkisch-Unterricht. Wie viele andere Mädchen bleiben die beiden dann auch wegen dieses Faches sitzen. Eme muß die erste und die dritte Klasse wiederholen und Fate die erste.

Ihren Brüdern macht die Schule im allgemeinen keine Schwierigkeiten. Einmal muß auch Durso eine Klasse wiederholen, nicht, weil er schlechte Noten oder zu selten am Unterricht teilgenommen hat, sondern, weil sein Lehrer ein türkisches Gesetz befolgt. Danach darf ein Junge nicht versetzt werden, wenn seine Schwester nicht regelmäßig den Unterricht besucht. Genau dies ist aber in diesem Jahr bei seiner Schwester Eme zum zweiten Mal der Fall. In einem anderen Jahr ist es Alo, der wegen schlechter Schulleistungen sitzenzubleiben droht. Seine Mutter weiß aber, wie sie das für ihren Sohn abwenden kann. Der Lehrer besucht sowieso häufig die Familie, um mit Musto Radio zu hören. Bei einer dieser Gelegenheiten beschenkt Sahhe ihn kurz vor Ende des Schuljahres mit Eiern, Obst und Gemüse - und man spricht etwas über den Schüler Alo. Dem Lehrer sind solche Gesten vertraut, und er gibt der Mutter zu verstehen, daß ihr Sohn versetzt werden wird.

Anfang Mai werden die Schüler in die Ferien entlassen. Sie dauern hier auf dem Land vier Monate. Sie sind bewußt in die ganze Sommerzeit gelegt, damit die Kinder den Eltern bei der Feldarbeit und der Tierversorgung helfen können.

Zu Beginn der siebziger Jahre werden die Schulkinder Zeugen zweier Vorfälle in der politischen Auseinandersetzung zwischen Kurden und

Türken: 1972 wird einer ihrer kurdischen Lehrer von *Jandarmas* aus dem Unterricht weg verhaftet und nach Tunceli auf die Polizeistation gebracht. In Meşeyolu wird erst jetzt bekannt, daß er ein Linker ist. Einige Wochen später kehrt er in die Dorfschule zurück. Die Kinder sehen, daß er nicht mehr richtig laufen kann. Er versucht ihnen zu erklären, daß er wegen seiner Zugehörigkeit zu einer linken Partei gefoltert worden ist.

1973 erreicht eine Nachricht über Rundfunk das Dorf, derzufolge zwei linke Türken in der Hauptstadt hingerichtet worden sind. Am nächsten Tag setzt derselbe Lehrer die türkische Flagge auf dem Fahnenmast vor dem neuen Schulgebäude auf halbmast und informiert seine Schüler. Bald darauf erhält er einen Brief, der ihn nach Tunceli ruft. Von dieser Fahrt ist der Lehrer nicht mehr zurückgekommen. Niemand weiß, ob er nur zwangsversetzt wurde, wie es mit vielen linken Lehrern geschieht, oder ob ihm etwas Schlimmeres passiert ist.

Die Mittelschule liegt in der Stadt

Für Musto und Sahhe ist es selbstverständlich, daß ihre Söhne die weiterführende Mittelschule besuchen. Da es aber in Meşeyolu keine gibt, werden sie in die Provinzhauptstadt geschickt. Als Ousso seine Grundschulzeit im Dorf beendet hat, lassen ihn seine Eltern 1965 nach Tunceli gehen, obwohl es ihnen schwerfällt, auf seine Arbeitskraft zu verzichten. Dort beginnt er zunächst in der sechsten Klasse der Mittelschule. Wegen schlechter Leistungen muß er das Jahr jedoch wiederholen. Als er erneut sitzenzubleiben droht, nimmt ihn der Vater aus der Schule und schickt ihn zum Arbeiten.

Durso geht 1970 nach Tunceli und besucht dort mit Erfolg die Mittelschule.

Als Eme 1971 ihre Grundschulzeit abgeschlossen hat, weigert sich ihre Mutter, sie ebenfalls auf die Schule in die Stadt zu schicken. Einerseits verbietet es die Tradition, daß Mädchen dort alleine leben, andererseits benötigt die Mutter sie im Haushalt. So bleibt Eme zunächst zwei weitere Jahre in Meşeyolu. Im Frühsommer 1973 wird sie aber von ihrem Onkel und ihrer Tante nach Tunceli gerufen, um auf deren Kinder aufzupassen. Da Eme schon während ihrer Schulzeit Krankenschwester werden wollte, nutzt sie die Gelegenheit und beteiligt sich an einer Aufnahmeprüfung für die Krankenschwesternausbildung. Von 250 Bewerberinnen bestehen jedoch nur zwei den Test. Eme gehört nicht zu ihnen, weil sie bereits zu viel aus der Schule vergessen hat. Ihr Onkel und ihre Tante schlagen ihr jetzt vor, sich als Näherin in Tunceli ausbilden zu lassen. Gegen den Willen ihrer Mutter beginnt sie einen Nähkurs. Nach drei Monaten muß sie ihn jedoch vorzeitig abbrechen, da sie ihrer Mutter beim Einbringen der Ernte im Dorf helfen muß.

Ousso kann sich leisten, nach Istanbul zu gehen

Mit Ausnahme einiger Pilgerreisen zum heiligen Berg »Düzgün Baba« und dringender Arztbesuche bei Krankheit verlassen die Mutter Sahhe und ihre Töchter Kortu nur ganz selten. Über lange Jahre hinweg bleiben zwei Abstecher in die nähere Umgebung die einzigen Außenerfahrungen, die Eme und Fate machen. Einmal werden sie von ihrer Mutter zu einem Besuch einer Tante in ein zehn Kilometer entferntes Dorf mitgenommen. Ein anderes Mal besucht die ganze Familie die Hochzeit eines Verwandten in einem Nachbardorf. Die Provinzhauptstadt Tunceli lernen beide Mädchen erst Anfang der siebziger Jahre kennen. Sie bekommen allerdings nur wenig vom fremden Stadtleben mit, weil Eme nur auf die kleinen Kinder des Onkels aufpaßt und Fate ihre kranke Mutter besucht. Bei diesen Fahrten werden sie von ihren älteren Brüdern begleitet.

Ousso und Durso machen dagegen bereits als Schüler Streifzüge zu vielen Nachbardörfern und fahren fast jedes Jahr nach Tunceli. Sie begleiten dabei entweder ihren Vater oder gehen mit anderen Jungen auf Entdeckungsreise durch die Stadt. Sie kaufen hier auch verschiedene Sachen für die Familie ein oder lassen sich für Schulunterlagen Paßfotos anfertigen.

Als Ousso nach Tunceli kommt, um hier die Mittelschule zu besuchen, findet er nur wenig Gefallen am Lernen in der Schule, dafür um so mehr am abenteuerlichen Leben der Stadt. Er verdient sich sein erstes Geld als Schuhputzer in den Straßencafés.

Nachdem er so die sechste Klasse wiederholen muß, wird er von Musto zum Arbeiten geschickt. Mit etwa 14 Jahren ist er dafür alt genug. Gemeinsam mit einem Bekannten versucht Ousso dies in der

Stadt Mersin. Dort verkaufen sie mit einem Bauchladen kleine Haushaltsartikel auf der Straße. Nachdem sie einen Monat lang nur Verluste machen, bricht Ousso diese Gelegenheitsarbeit ab und kehrt nach Tunceli zurück. Da er aber hier keine geeignete Beschäftigung finden kann, aber auch nicht mehr bei seiner Familie im Dorf arbeiten will, weil er dabei kein Geld verdienen kann, beschließt er, nach Istanbul zu gehen. Dies ist ein sehr ungewöhnlicher Schritt, weil der älteste Sohn traditionsgemäß auf den Feldern der Familie zu arbeiten hat. Da Musto und Sahhe ihn auch dringend brauchen, versuchen sie verzweifelt, ihn zurückzuhalten. Ousso hält jedoch an seinem Plan fest und schlägt sich nach Istanbul durch. Er weiß, daß seine Eltern nichts dagegen unternehmen können. Als Mann kann er sich das leisten. In dieser Großstadt bleibt er fünf Jahre und arbeitet als Lastenträger auf einem Bazar, als Verkäufer in einem Teeladen und als Arbeiter in einer Kugelschreiber- und Elektrofabrik. Zwischendurch kehrt er einige Male zu seiner Familie nach Meşeyolu zurück.

Für die Sippe muß Musto prozessieren

Das enge Zusammenleben in der dörflichen Abgeschiedenheit, aber auch eherne Traditionen bringen es mit sich, daß nahezu alle Einwohner Meşeyolus einen regen Kontakt untereinander haben. Daneben besteht ein weitverzweigtes Netz verwandtschaftlicher Beziehungen zwischen den Familien. Dieser doppelte Zusammenhalt ist auch notwendig, denn man ist in vielen Fällen auf die Hilfe oder den Rat der anderen angewiesen.

Bei der Familie Özgan leben die Eltern von Musto (sein Vater starb 1971) sowie seine zwei Brüder und drei Schwestern mit ihren Familien in Meşeyolu. Darüber hinaus wohnen Sahhes Eltern (der Vater starb 1970) und vier ihrer Brüder ebenfalls im Dorf. Ihre einzige Schwester ist in einem zehn Kilometer entfernten Nachbardorf verheiratet. Die übrigen Brüder sind nach Tunceli und in andere Städte abgewandert. Diese besucht man daher nur selten.

Zu den einfachsten Mitteln, um innerhalb der Siedlung Botschaften auszutauschen, zählt das Rufen. Wenn Sahhe zum Beispiel irgend etwas aus dem Ortsteil Mirjalu benötigt, steigt sie auf das Dach ihres Hauses in Kortu und ruft hinüber. Auf die gleiche Weise erhält sie dann umgekehrt eine Antwort von der gegenüberliegenden Seite. Dieses Verfahrens bedient man sich auch, wenn eine Verbindung zwischen dem Dorf und den nahegelegenen Bergweiden aufgenommen werden soll.

Bei einem Gang durch das Dorf, bei dem Besorgungen gemacht werden, wird auch ein Schwatz gehalten. Bei solchen Gelegenheiten werden traditionelle Begrüßungs- und Anredeformeln verwendet. Unter Erwachsenen begrüßt man sich mit Handschlag und »Willkommen«, unter Verwandten küßt man sich gegenseitig auf die Wangen. Kinder küssen die Hand älterer Menschen und drücken sie ehrerbietig an die Stirn. Wie alle verheirateten Frauen wird Sahhe dabei von Erwachsenen mit »Weve« (kurdisch: Braut) angeredet und Musto mit seinem Vornamen. Die Kinder sprechen Erwachsene üblicherweise mit »Tante« und »Onkel« an. Sie selbst werden entweder »Kind« genannt oder bei ihren kurdischen Vornamen gerufen.

Die Stellung, die jede Familie im Dorf innehat, hängt entscheidend vom Vater ab. Daß sie nicht nur auf seinen persönlichen Besitzstand zurückzuführen ist, zeigt das Beispiel Musto: Ihm stehen nach der Erbaufteilung »nur« sechs Felder zu, wohingegen einige Bauern über zehn und mehr verfügen. Trotzdem genießt Musto ab Mitte der fünfziger Jahre bereits ein großes Ansehen unter der Dorfbevölkerung. Hierzu trägt einerseits bei, daß er als einer der wenigen recht gut Türkisch spricht, und andererseits, daß er durch seine Händlertätigkeit in der ganzen Ost-Türkei herumgekommen ist und über sehr viele Erfahrungen verfügt. Man spricht davon, daß er viele Kontakte zu Behörden in der Provinzhauptstadt unterhält. Diese allgemeine Anerkennung wächst noch dadurch, daß er Anfang der sechziger Jahre das erste Radio und die erste Armbanduhr ins Dorf bringt. Unter den Leuten gilt er jetzt als Mann mit moderner Einstellung.

All die Umstände bewirken auch, daß Musto innerhalb der ganzen Familie die Rolle eines »Anführers« innehat. Wenn sie beispielsweise in Konfliktfälle gerät, zählt es zu seinen Aufgaben, die Interessen der Sippe nach außen hin wahrzunehmen.

Ein solcher Fall tritt 1966 ein. Er bezieht sich auf eine Geschichte, die bereits Jahrzehnte zurückliegt. Die Großeltern waren mit einem Großgrundbesitzer verwandt. Dieser wurde beim Kurdenaufstand 1938 von landlosen Bauern erschossen, die anschließend dessen Grund in Besitz nahmen.

Verwandte der Familie Özgan wollen sich nun die Ländereien zurückholen und beauftragen Musto mit der Vertretung ihrer Klage. Er übernimmt diese Aufgabe, weil er sich der Familie gegenüber verpflichtet fühlt. Ihm wird allerdings auch ein verlockendes Angebot gemacht. Wenn er nämlich den Prozeß gewinnt, verspricht man ihm 20 Prozent aller Felder, was sehr viel Besitz bedeutet hätte.

Der Prozeß selbst zieht sich über Jahre hin, ohne daß sich ein Erfolg abzeichnet, und wird schließlich eingestellt. Die hohen Prozeßkosten, die dabei anfallen, muß Musto alle selbst bezahlen.

In einen weiteren Fall wird Musto 1968 verwickelt. Eines Tages berichtet ein Cousin Musto, er sei von zwei Männern einer anderen Familie angeschossen worden. Dies bezeugen auch seine Eltern. Die Sippe beschließt, Musto erneut vor dem Gericht in Tunceli Klage erheben zu lassen. Dort gelingt es ihm, daß beide Männer zu mehrjährigen Haftstrafen verurteil werden.

Nach etwa einem Jahr erfährt Musto, daß sich der Cousin die Schußverletzungen selbst beigebracht hatte. Er fährt sofort nach Tunceli und erreicht, daß die beiden Unschuldigen freigelassen werden. Gegen seinen Cousin unternimmt er nichts, weil es die Tradition verbietet, »gegen einen Verwandten die Hand zu erheben«.

Die Familie der beiden Männer will Rache nehmen, weshalb zwischen den Familien eine lange Feindschaft ausbricht. Besonderes Ziel der Angriffe ist dabei das Oberhaupt Musto, den man durch Intrigen jetzt ebenfalls vor Gericht zerren will. Mit einer Begebenheit haben sie schließlich Erfolg. Hierbei stürzt eine Tochter der besagten Familie einen Berghang hinab und verletzt sich schwer. Dieser Vorfall wird ausgenutzt, um Musto wegen Vergewaltigung des Mädchens vor Gericht zu bringen. Viele in Kortu wissen zwar, daß Musto unschuldig ist, weil er sich zur fraglichen Zeit an einem anderen Ort aufgehalten hatte, trotzdem kommt es zum Prozeß. Verantwortlich sind einige bestochene »Kaffeehaus-Zeugen«, die gegen ihn aussagen. Musto selbst ist sich des Prozeßausgangs sicher, da er weiß, daß er unschuldig ist und ihn auch sein allgemeines Ansehen schützen wird. Zu aller Überraschung wird er trotzdem schuldig gesprochen und zu sechs Monaten Gefängnis verurteilt.

Musto geht in die Berufung und erhofft einen Freispruch. Im Frühjahr 1969 wird in dieser Sache der letzte Urteilsspruch gefällt.

Die Entscheidung lautet: schuldig, die Strafe wird auf vier Monate zurückgenommen.

Es ist das Beste, wenn er fortgeht

1968 muß Musto, wie berichtet, seine Tätigkeit als Bau-Organisator und Händler aufgeben. Da er nur wenig Chancen für eine feste Arbeitsstelle in Tunceli oder anderswo sieht, er aber dringend Geld für die Ernährung seiner Familie braucht, denkt er daran, ins Ausland zu gehen, nach »Almanya«. Davon hat er schon viel im Dorf gehört. Es wird erzählt, daß man dort schnell Arbeit findet und viel Geld verdienen kann. Von Problemen in Deutschland erfährt er nichts. Auf Musto macht dies alles Eindruck, und er will auch in dieses Land reisen, um dort zu arbeiten. Er fährt deshalb in die Provinzhauptstadt, um sich alle notwendigen Unterlagen zu beschaffen. Zunächst geht er auf das Meldeamt, um sich einige Jahre jünger zu machen. Das ist nach türkischem Gesetz möglich. Er glaubt nämlich, daß er für eine deutsche Arbeitserlaubnis schon zu alt ist und deswegen abgelehnt werden könnte. Anschließend bewirbt er sich beim »Deutschen Arbeitsamt« in der Stadt, wird jedoch abgelehnt.

In die gleiche Zeit - es ist Frühjahr 1969 - fällt auch das zweite Gerichtsurteil. Musto ist über die viermonatige Gefängnisstrafe enttäuscht und fürchtet, wegen dieser Angelegenheit seine Ehre verloren zu haben, aber auch, verhaftet zu werden. Er bespricht das mit Sahhe, und beide beschließen, daß es das Beste für die Familie sei, wenn er fortginge. Musto greift jetzt wieder seinen Plan auf, nach Deutschland zu gehen. Er hat mittlerweile erfahren, daß man dort auch als Tourist einreisen kann - ohne Arbeitserlaubnis. Danach, so glaubt er, könne er sich irgendwie durchschlagen.

Musto und Sahhe gehen davon aus, daß er etwa ein, zwei Jahre in der Fremde bleiben, viel Geld verdienen und dann wieder zu seiner Familie nach Meşeyolu zurückkehren wird.

Um seine Fahrt nach Deutschland nicht unnötig zu gefährden, wissen nur wenige Familien davon, als Musto am 30. Mai 1969 zu Fuß das Dorf verläßt. Etwa zwei Monate später kommt der erste Brief von ihm aus Deutschland an. Die älteren Söhne lesen Sahhe den Brief vor. Der Vater schreibt, daß es ihm gut gehe, er sich aber nach seiner Familie sehne. Außerdem mache er sich Sorgen, weil er für sie nur wenig oder gar kein Geld schicken kann.

Davon sind Sahhe und die Kinder wirklich betroffen. Die Hoffnung, daß sie nun regelmäßig vom Vater aus dem Ausland versorgt werden, hat sich zunächst zerschlagen, und darüber hinaus fehlt seine Arbeitskraft auf den Feldern, so daß sie selbst noch mehr arbeiten müssen. Trotzdem hungern sie jetzt sehr oft.

1971 tauchen *Jandarmas* und ein Oberst in Meşeyolu auf und fragen nach dem Haus von Mustafa Özgan. Als sie dort ankommen, werden Sahhe und die Kinder sofort nach dem Verbleib des Vaters gefragt. Er soll verhaftet werden und seine Gefängnisstrafe absitzen. Da niemand sofort antwortet, wird Ousso von einigen *Jandarmas* gepackt und geschlagen. Sie schreien ihn an: »Wo ist dein Vater, wo ist dein Vater?« Viele Nachbarn versammeln sich. Es herrscht große Aufregung. Sahhe berichtet daraufhin, daß ihr Mann nach Deutschland gefahren ist. Sie sind wütend. Ein *Jandarma* betritt den Wohnraum und will den einzigen Teppich, den die Familie besitzt, beschlagnahmen. »Als Pfand«, wie er sagt, »solange der Vater nicht wieder auftaucht.« Die Mutter fleht die Soldaten an, den Kelim behalten zu dürfen. Sie lassen schließlich von ihrem Plan ab und marschieren aus dem Dorf.

Die Familie Özgan und alle anderen Leute im Dorf haben in der Folgezeit sehr viel Angst, daß die *Jandarmas* vielleicht wiederkommen.

Drei Jahre später muß er ins Gefängnis

Von 1969 bis 1972 erreichen die Familie Özgan im Dorf einige Briefe von Musto aus Deutschland. Darin schreibt er, daß er sie gerne besuchen wolle. Sahhe diktiert ihren Söhnen aber jedesmal neue Antwortschreiben, in denen sie ihm mitteilt, er dürfe nicht kommen, weil ihm immer noch das Gefängnis drohe. Außerdem läßt sie ihm erzählen, daß seinetwegen *Jandarmas* im Dorf gewesen sind und ihn abholen wollten. Sahhe hat Angst, daß ihr Mann bei seiner Rückkehr wirklich verhaftet wird und sie dann nicht weiß, wie sie ohne Geld ihre Kinder ernähren soll. Musto weiß das auch, aber er sehnt sich danach, wieder einmal in die Heimat zurückzukommen und seine Familie zu sehen.

Ende 1972 erfährt er auf dem türkischen Konsulat in der Bundesrepublik, daß ein neues Gesetz herausgekommen ist. Dem zufolge erhalten alle ausländischen Arbeitnehmer, die bisher illegal in der Bundesrepublik gelebt haben, eine Aufenthalts- und Arbeitserlaubnis, wenn sie in ihr Herkunftsland zurückkehren und sich fehlende Unterlagen, unter anderem ein Gesundheitszeugnis ausstellen lassen. Da dieses Gesetz zeitlich befristet ist und nicht lange mehr gilt, steht Musto unter Zeitdruck. Er weiß, wie gefährlich eine Rückkehr für ihn werden kann. Andererseits will er nicht länger unter dem Druck der Illegalität leben müssen. Er entscheidet sich schließlich dafür, zurückzugehen, informiert kurz seine Familie in Meşeyolu und fährt im November 1972 nach Istanbul. Dort trifft er seinen ältesten Sohn Ousso, der dort gerade gearbeitet hat, und beide machen sich zusammen auf den Weg nach Tunceli. Sahhe und ihr Sohn Durso fahren ihnen gleichzeitig bis nach Elazig entgegen und treffen sie dort. Hier machen sie zunächst große Einkäufe von dem Geld, das Musto aus Deutschland mitgebracht hat, und steigen dann in den Bus nach Tunceli. Um seine Ankunft zu verheimlichen, beschließt man, ihn bei seinem Onkel in der Provinzhauptstadt unterzubringen. Der Onkel ist darüber bereits informiert und nimmt ihn und seine Familie noch am gleichen Tag in sein Haus auf.

Irgend jemand muß jedoch davon erfahren und ihn angezeigt haben, denn am selben Abend wird das Haus des Onkels von der Polizei umstellt und Musto verhaftet. Er wird zunächst in die Arreststelle der Polizeistation gebracht und nach einigen Tagen in das Zentralgefängnis am Ort überstellt. Dort erfährt er, daß er zu 117 Tagen Gefängnis verurteilt ist. Man schneidet ihm die Haare, nimmt ihm die persönlichen Sachen ab und bringt ihn zur Zelle. Seinen neuen Anzug aus Deutschland darf er anbehalten.

Die Zelle ist etwa 30 Quadratmeter groß und ist nur mit einigen hölzernen Bettgestellen, Matratzen und einer offenen Latrine ausgestattet. In diesem Raum sind mit ihm 30 Männer eingesperrt, die zum großen Teil politische Gefangene sind. Da zu wenig Betten vorhanden sind, wechseln sich die Männer beim Schlafen ab. Tagsüber haben sie innerhalb des Gefängnisgebäudes Ausgang. Sie leiden alle unter der schlechten Nahrung, die ihnen gegeben wird. Gefoltert wird hier aber niemand. Nur wenn manchmal Unruhe unter den Gefangenen ausbricht, werden sie von den türkischen Beamten geschlagen. Zweimal in der Woche ist Besuchszeit, und so kommen Sahhe und die ältesten Söhne, die gerade in Tunceli sind, und bringen dem Vater etwas zu essen und Wolldecken mit.

Musto hat in dieser Zeit sehr viel Angst, seinen Arbeitsplatz in Deutschland zu verlieren. Man erlaubt ihm aber, Briefe zu schreiben, und so informiert er seinen Arbeitgeber, daß er erst nach vier Monaten zurückkehren kann. Er ist sich aber nicht sicher, ob er wirklich seine Arbeit behalten wird.

Als Musto im März 1973 entlassen wird, beeilt er sich damit, seine Unterlagen für die Arbeits- und Aufenthaltsgenehmigung bei den Behörden in Tunceli zusammenzubekommen, und fährt anschließend noch einmal nach Meşeyolu. Hier sieht er zum erstenmal seine jüngste Tochter Hene, die einen Tag nach seiner Abreise in die Bundesrepublik 1969 zur Welt kam. Die Kinder freuen sich alle, daß ihr Vater gesund aus dem Gefängnis gekommen ist und allen Geschenke mitgebracht hat. Nach drei Tagen verläßt Musto seine Familie, nimmt den nächsten Bus nach Istanbul und fliegt von dort nach Deutschland.

Die Familie verläßt das Dorf

Im Sommer 1973 muß Sahhe wegen einer schweren Krankheit in Erzincan operiert werden. Neben regelmäßiger ärztlicher Nachbehandlung darf sie sich nun weder viel bewegen noch jemals wieder schwer arbeiten. Um gesund zu werden, kehrt sie deswegen auch nicht mehr nach Meşeyolu zurück, weil ihre Genesung dort unmöglich wäre, sondern bleibt bei ihrem Bruder in Tunceli. Im Dorf wohnen aber nach wie vor ihre Kinder Hene, Asme, Fate und Alo, die von den ältesten Geschwistern Eme und Ousso sowie von den Großmüttern versorgt werden.

Sahhe will nicht, daß ihre Familie in Trennung lebt, zumal ihr Sohn Durso die Mittelschule in Tunceli besucht, aber unter sehr schlechten Bedingungen im Geçekondu, im Elendsviertel, wohnen muß. Deshalb beauftragt sie ihren Bruder, für ihre ganze Familie in Tunceli eine Mietwohnung zu finden, und holt dann alle ihre Kinder in die neue Unterkunft nach. Sahhe hofft, von dem Geld ihres Mannes aus Deutschland und der Unterstützung des Bruders ihre Familie hier ausreichend ernähren zu können.

In der Provinzhauptstadt Tunceli (1973-1980)

Eine kurdische Stadt mit politischer Tradition

An der Straße Elazig - Erzincan

Das äußere Bild von Tunceli ist einerseits geprägt durch die Lage am Zusammenfluß der beiden Ströme Munzur und Harçik, andererseits durch hohe Berge, die die Stadt von allen Seiten einschließen. Klimatisch gesehen ist Tunceli einem sechsmonatigen Sommer ausgesetzt, der heiß und trocken ist, sowie einer gleich langen Winterperiode mit zum Teil starken Schneefällen. Einige städtische Räumfahrzeuge sorgen im Winter dafür, daß das Stadtleben und die Außenverbindungen notdürftig aufrechterhalten werden.

Der einzige Anschluß an das Verkehrsnetz der Türkei besteht für Tunceli in der im Südosten vorbeiführenden Straße von Elazig nach Erzincan. Für die Provinz ist sie gleichzeitig die einzige Hauptstraße, von der aus die meisten Dörfer zu erreichen sind.

Klein-Moskau

Der Name dieser seit alters her von verschiedenen Kurdenstämmen besiedelten Stadt war bis 1938 Dersim. Als in jenem Jahr dort erneut schwere Kurdenaufstände gegen die türkische Unterdrückung ausbrachen und diese wenig später von türkischem Militär niedergekämpft wurden - Zehntausende von Kurden wurden niedergemetzelt oder vertrieben -, wurde auch der kurdische Name der Stadt ausgelöscht. Die neu eingesetzte türkische Verwaltung gab der Stadt - in ihrer Sprache - den Namen Tunceli, der bis heute offiziell gültig ist.

Der manchmal ebenfalls verwendete Name Kalan ist armenischen Ursprungs. In der heutigen Umgangssprache findet sich häufig noch eine weitere Bezeichnung für Tunceli, die auf die lange politische Tradition der hier lebenden Kurden Bezug nimmt: »Klein-Moskau«.

Unter türkischer Verwaltung

Mit etwa 11 500 Einwohnern ist Tunceli die größte Stadt der gleichnamigen Provinz. Diese Zahl schwankt aufgrund der stetigen Zuwanderung aus den umliegenden Dörfern, aber auch wegen der Abwanderung vieler Familien in den Westen des Landes oder ins Ausland.

Die Geschichte der Stadtentwicklung brachte es mit sich, daß hier drei Nationalitätengruppen zusammenleben. Die überwiegende Mehrheit der Bevölkerung besteht dabei aus Kurden (etwa 97 Prozent), da die gesamte Provinz bis heute traditionelles Siedlungsgebiet für verschiedene Kurdenstämme geblieben ist. Die Minderheiten in der Stadt bilden die Armenier (etwa zwei Prozent) und die Türken (etwa ein Prozent). Die Altersstruktur und Geschlechterverteilung kann in etwa als ausgeglichen betrachtet werden. Die durchschnittliche Familiengröße pro Haushalt liegt bei sieben Personen.

Hauptumgangssprache im öffentlichen und privaten Leben Tuncelis sind die beiden kurdischen Dialekte *Zazaca* und *Demili*. Die offizielle Amtssprache und gleichzeitig Fremdsprache für die Mehrheit ist Türkisch. Sie muß nicht nur in Behörden und in allen Schulen gesprochen werden, sondern findet auch zunehmend Verbreitung im Handel. Die Armenier sprechen überwiegend Türkisch und je nach Herkunft auch kurdische Dialekte.

Die Analphabetenraten der Stadtbevölkerung liegt zwischen 30 und 50 Prozent. Das sind überwiegend Erwachsene (besonders Frauen), die nie oder nur für kurze Zeit eine türkische Schule besucht haben.

Alle kurdischen Einwohner gehören der moslemischen Glaubensrichtung des Alevitentums an, die hier nur noch in geringem Umfang mit abergläubischen Riten verbunden ist. Die starke Politisierung gerade der Jugend in den siebziger Jahren drängt den Einfluß dieser Religion in der Stadt sehr zurück.

Die türkische Minorität ist Anhänger des Sunnitentums. Für sie wurde in der Stadt extra eine Moschee gebaut, die von Aleviten jedoch nicht benutzt wird.

Umgeben von Elendsvierteln

Verwaltungsmäßig ist Tunceli in fünf Stadtviertel aufgeteilt: Hastahane Mahallesi (Stadtzentrum mit allen wichtigen Behörden, Platz mit Atatürk-Denkmal), Munzur Mahallesi im Westen der Stadt, Dag Mahallesi im Nordwesten, Ali Baba Mahallesi im Norden und Yeni Mahalle im Osten. Die Mehrheit dieser Viertel besitzt ein einfaches Straßennetz, das nur zum Teil asphaltiert ist, und ist an die allgemeine Strom- und Wasserversorgung der Stadt angeschlossen. In den letzten Jahren wurde von der Stadtverwaltung damit begonnen, eine Abwasserkanalisation aufzubauen.

Im Norden und Osten der Stadt breiten sich einige Geçekondus (Elendsviertel) aus, die an keines der Versorgungssysteme angeschlossen sind. Sie bestehen meist aus einfachen Stein- oder Lehmhütten. In den übrigen Stadtvierteln sind zweistöckige, massive Steinhäuser mit Flachdächern vorherrschend. Sie sind mehrheitlich Ein- oder Zweifamilienhäuser, die in Eigenarbeit errichtet worden sind und manchmal auch als Läden vermietet werden. Neben einigen größeren Verwaltungsgebäuden und Schulbauten wird das Stadtbild noch durch ein paar moderne sechsstöckige Hotels bestimmt. Nahezu alle diese Stadthäuser haben eigene Toiletten, die meistens an eine Sickergrube angeschlossen sind.

Zwischen Basar und türkischer Kaserne

● Da in Tunceli das ganze Jahr über keine Markttage abgehalten werden, wird die gesamte Versorgung der Bevölkerung über etwa 150 kleinere Läden abgewickelt, die, zu Geschäftsstraßen zusammengeschlossen, das Leben der Innenstadt prägen. Diese Familienbetriebe bieten einerseits eine große Palette von einfachen Nahrungsmitteln, Getränken, Haushaltsgegenständen und Elektrowaren, andererseits - als Handwerksstätten mit Straßenverkauf - Textilien, Schuhe, Eisenwaren und anderes mehr. Im Gegensatz zu den öffentlichen Gebäuden und Banken der Stadt, die samstags und sonntags geschlossen haben, sind die Läden während der ganzen Woche und bis in die späten Abendstunden geöffnet. Ihr Angebot wird darüber hinaus durch einige fliegende Verkaufsstände ergänzt, die Obst und

Gemüse, Kleider und Kurzwaren bereithalten, aber auch Schuhputzer und in den heißen Sommermonaten Wasserverkäufer gesellen sich dazu. Der rege Kleinhandel bietet einigen Männern und Jungen Arbeit als Lastenträger. Nur für wirklich große Transporte werden die wenigen Pferdefuhrwerke oder teure Lkws gemietet.

● Zeitungen spielen in der Stadt eine untergeordnete Rolle: Ein paar hängen in öffentlichen Gebäuden aus. Nur einige 100 Exemplare kommen in den Straßenverkauf. Es gibt täglich zwei türkische Lokalzeitungen, die »Tunceli Sesi« (Stimme Tuncelis) und »Munzur Sesi« als Anzeigenblätter und einige überregionale türkische Zeitungen wie »Hürriyet« und »Milliyet«, die Tunceli in den Nachmittagsstunden erreichen. Die einzige linke Tageszeitung der Stadt ist die »Aydenlik«. Daneben werden noch einige linke türkische Zeitschriften wie »Halkin Kurtulusu«, »H. Birligi«, »H. Yolu« und »H. Gucü« verkauft.

● Die etwa 15 Kaffeehäuser im Stadtgebiet sind die traditionellen Versammlungsorte, in denen die kurdischen Männer zusammenkommen können. Hier wird vor allem Tavla, Karten und Domino – allerdings ohne Geldeinsatz – gespielt und hauptsächlich Tee getrunken. Kaffee können sich hier ohnehin nur die wenigsten leisten. Für diejenigen, die keinerlei Arbeit finden können, ist das Kaffeehaus der wichtigste Aufenthaltsort am Tag.

● Zehn kleinere Lokale bieten billiges Essen an. Sie werden in aller Regel von Arbeitern besucht, die tagsüber einer Beschäftigung in der Stadt nachgehen, manchmal auch von Familien.

● Die vier Hotels Tuncelis sind meistens durch türkische Handelsreisende oder Verwaltungsbeamte belegt, die sich auf der Durchreise befinden. Seltener dagegen kommen türkische Touristen in die Stadt. Geradezu eine Attraktion stellen die wenigen ausländischen Touristen aus der Bundesrepublik und arabischen Staaten dar, die in den siebziger Jahren zwei- oder dreimal auftauchten.

● Bis etwa 1977 gibt es in Tunceli keine Fabrik. Danach werden mit staatlichen Mitteln eine Molkerei, eine Futterfabrik und eine Eisfabrik (Kühlhaus für Geschäfte und private Haushalte) errichtet, was jedoch nur wenigen Einwohnern der Stadt Arbeitsplätze verschafft. Außerdem gibt es vier Banken, die ebenfalls in staatlichem Besitz sind.

● Das Stadtzentrum am Platz des Atatürk-Denkmals wird bestimmt durch den Busbahnhof und durch die öffentlichen Verwaltungsgebäude. Etwa 15 Autobusse verbinden Tunceli täglich mit allen wichtigen Nachbarprovinzstädten sowie mit Ankara und Istanbul (Fahrzeit Tunceli - Istanbul: 24 Stunden). Taxis und Dolmuşe (Sammeltaxis) fahren von hier oder anderen Plätzen der Stadt die meisten Dörfer der Umgebung Tuncelis an. Zwei Zapfsäulen und vier Autowerkstätten versorgen dabei den gesamten Transportverkehr.

● Zu den öffentlichen Gebäuden zählen der Sitz des Gouverneurs der Provinz, das Bürgermeisterhaus, das Meldeamt (Geburten, Sterbefälle, Eheschließungen und so weiter) das Gericht und ein »Arbeitsamt«, das die Nürnberger Bundesanstalt für Arbeit zeitweilig eingerichtet hat, um Arbeitskräfte aus Tunceli anzuwerben. (Es ist spätestens 1974 aufgelöst worden.) Weiterhin gibt es ein Postamt, das jedem Haushalt der Stadt täglich die Post zustellt und bis 1979 für die rund 350 Telefonbesitzer der Stadt Ferngespräche handvermittelt. Erst danach wird der Selbstwählferndienst eingerichtet.

● An öffentlichen Einrichtungen bietet die Stadt ein Hamam (Badehaus), zwei Kinos und eine öffentliche Männertoilette. Das Hamam und die beiden Kinos sind einen Tag in der Woche für Frauen geöffnet, sonst nur für Männer. Das Kinoprogramm setzt sich vorwiegend aus amerikanischen Western und Kriminalfilmen zusammen; der kleinere Teil sind Karate- und einfache Liebesfilme aus türkischer Produktion.

● Die verhältnismäßig große Stadtbibliothek verfügt hauptsächlich über türkische und kaum über ausländische Literatur. Zumindest bis 1978 (Ausrufung des Kriegsrechts) sind hier auch marxistische Bücher zu finden. Benutzt wird die Bibliothek fast ausschließlich von den Schülern Tuncelis.

● Bei größeren festlichen Ereignissen, wie zum Beispiel dem türkischen Republik-Feiertag, an dem nur ein kleiner Teil der kurdischen Stadtbevölkerung teilnimmt, wird der einzige Sportplatz Tuncelis am Ufer des Harçik benutzt. Bei politischen Anlässen werden dagegen häufig Demonstrationen am Platz des Atatürk-Denkmals abgehalten.

● Für die Gesundheitsversorgung der Stadt und des gesamten Umlandes steht ein großes Krankenhaus zur Verfügung. Das Personal setzt sich aus einem Arzt, der häufig ausgetauscht wird und sich nur drei, vier Monate im Jahr in Tunceli aufhält, etwa zwölf Krankenschwestern und einer Hebamme zusammen. Die Behandlung der Kranken unterbleibt aber in vielen Fällen oder wird unzureichend durchgeführt, weil neben geschultem Personal auch lebenswichtige Medikamente und medizinisches Material und Geräte fehlen. Regelmäßige Strom- und Wasserrationierungen in der Stadt machen Operationen unmöglich, zumal der Krankenhausgenerator seit langer Zeit ausgefallen ist. Ein Zahnarzt, der ebenfalls im Krankenhaus beschäftigt ist, verließ die Stadt 1978, als eine Patientin an den Folgen seiner Zahnbehandlung starb. Neben dem Krankenhaus bestehen zumindest zeitweise ein Büro, das für Gesundheitsberatung und Familienplanung zuständig ist, und die Privatpraxis eines Arztes für Innere Medizin.

- Die Gesamtzahl aller Schüler Tuncelis liegt bei etwa 5 000. Darin enthalten sind viele Kinder und Jugendliche, die aus dem dörflichen Einzugsgebiet der Stadt kommen. Tunceli verfügt über zwei Grundschulen (Klasse 1 bis 5), zwei Mittelschulen (Klasse 6 bis 8), ein berufliches und ein allgemeines Gymnasium (Klasse 9 bis 11). Vier dieser Schulen, die alle vor 1970 gebaut wurden, sind zu einem Komplex in der Innenstadt zusammengefaßt. Es handelt sich um eine koedukative Grundschule, eine Mittelschule für Mädchen, das koedukative berufliche Gymnasium sowie das ebenfalls koedukative allgemeine Gymnasium. Diesem Komplex ist eine Sporthalle angegliedert, die jedoch weitgehend verfallen ist. Die zweite Grundschule (älteren Datums) für Jungen und Mädchen und eine ebensolche Mittelschule, die Ende der siebziger Jahre gebaut wurde, liegen in den äußeren Stadtvierteln. Außerdem wird 1977/78 eine Schule für Gartenbau und Landwirtschaft eingerichtet. Bis 1978 besteht in der Stadt eine Schule für die Ausbildung von Grundschullehrern. Dann wird sie von türkischem Militär besetzt und dient bis heute als Kaserne.
- Im Gegensatz zu der Zivilverwaltung Tuncelis, bei der nur in allen wichtigen Schaltstellen Türken angestellt sind, sind in der Polizei- und Militärverwaltung fast ausschließlich – auch in unteren Rängen – Türken eingesetzt. Die einzige Ausnahme stellen einige Kurden aus Diyarbakir dar, die bei der Polizei arbeiten. In der Innenstadt gibt es eine zentrale Polizeistation (mit einigen Außenposten) und das Gefängnis. Darüber hinaus wird die Stadt von der oben genannten Kaserne und einem seit langer Zeit bestehenden Militärlager über-

wacht, das an den südwestlichen Berghängen jenseits des Munzurs liegt. Dort sind ständig etwa 1 000 türkische Soldaten stationiert. Kurdische Wehrpflichtige der Stadt müssen ihre Militärzeit grundsätzlich in türkischen Westprovinzen ableisten.

● Für den Brandschutz Tuncelis steht ein einziges Löschgerät zur Verfügung.

● Das politische Leben Tuncelis läuft nur zu einem geringen Teil in öffentlichen Büros und Versammlungsstätten ab, weil viele der linken türkischen und kurdischen Fraktionen von ständigem oder zeitweisem Verbot betroffen sind und in der Illegalität arbeiten. Vor dem Militärputsch von 1980 gibt es fünf offizielle türkische Parteien, die mit einem Büro vertreten sind: CHP, AP, MSP, TIP und TIKP. Weiterhin existieren bis 1978 vier linke Buchläden, ein Vereinshaus des linken Lehrerverbandes (TÖBDER), ein Gewerkschaftsbüro der Straßenarbeiter und ein Haus der revolutionären Frauenvereinigung. Alle diese Einrichtungen werden mit Ausrufung des Kriegsrechts aufgelöst. Ein Kulturhaus, das Anfang der siebziger Jahre noch für verschiedene politische Veranstaltungen benützt worden ist, muß aufgrund des politischen Drucks ebenfalls seinen Betrieb einstellen. In den letzten Jahren steht es die meiste Zeit leer.

● Der einzige Friedhof der Stadt wird hauptsächlich von Türken in Anspruch genommen, weil die meisten Kurden Tuncelis ihre Toten in ihren Heimatdörfern bestatten.

Die Arbeitslosigkeit wächst

Die wirtschaftliche Situation Tuncelis als Provinzhauptstadt und Verwaltungszentrum ist in den siebziger Jahren durch eine unterentwikkelte Infrastruktur, eine weitgehende Kapitalknappheit der vorherrschenden kleinen Familienbetriebe sowie durch eine steigende Arbeitslosigkeit und Abwanderung gekennzeichnet.

Der weitaus größte Teil aller Erwerbstätigen (etwa die Hälfte) ist entweder in den rund 150 Läden oder aber als Fahrer im Transport und im öffentlichen Verkehr beschäftigt. In der Stadt gibt es etwa 170 Lkws, Busse, Taxis und Dolmuşe. Private Pkws fehlen fast gänzlich im Stadtbild von Tunceli.

Die drei Fabriken, die Banken und die öffentliche Verwaltung bieten nur etwa 15 Prozent der Beschäftigten eine Arbeit. Weitere 20 Prozent sind von dauernder Arbeitslosigkeit betroffen oder können nur gelegentlich Aushilfsarbeiten nachgehen. Vereinzelt wird noch in der Landwirtschaft der umliegenden Dörfer gearbeitet.

Es fällt auf, daß im Gegensatz zum Dorf Frauen nur mit etwa sieben Prozent an der Erwerbstätigkeit beteiligt sind. Kinder und Jugendliche (ausschließlich Jungen) tragen durch vielfältige kleine Dienstleistungen in eingeschränktem Maße ebenfalls zum Familienunterhalt bei.

Die angespannte wirtschaftliche Lage, die sich unter anderem an hohen Preissteigerungen und an der stundenweisen Rationierung von Strom und Wasser für alle Stadtviertel festmachen läßt, sowie die sich zuspitzende politische Entwicklung schränken das Alltagsleben der Bevölkerung Tuncelis immer weiter ein. Viele kurdische Familien wandern deshalb in den Westen der Türkei ab, in der Hoffnung, in den großen Städten einen ausreichenden Lebensunterhalt zu verdienen. Ein Großteil von ihnen fährt über Ankara und Istanbul weiter in die Bundesrepublik, um von dort aus ihre in Tunceli verbleibenden Angehörigen zu unterhalten.

Kurdischer Widerstand in den siebziger Jahren

Die Entwicklung der Türkei ist in den Jahren von 1970 bis 1980 die Geschichte einer politischen und wirtschaftlichen Dauerkrise. Eingerahmt von zwei Militärputschen, die dieses Jahrzehnt einleiten und abschließen, erlebt das ganze Land eine steigende Arbeitslosigkeit, hohe Inflationsraten und Preissteigerungen. Begleitet wird dies von Tausenden von Demonstrationen und Streiks, Terrorakten von Rechten und Linken, Massakern von faschistischer und militärischer Seite, Folterungen in den Gefängnissen und einer immer häufigeren Verhängung des Kriegsrechtes über weite Teile des Landes.

Von diesen Ereignissen werden besonders die Provinzen Ostanatoliens, so auch Tunceli, betroffen. Die traditionelle wirtschaftliche Unterentwicklung dieser Gebiete fällt hier mit der ebenso langen wie systematischen Unterdrückung und gleichzeitigen Leugnung der Existenz des kurdischen Volkes durch die türkische Zentralmacht in

Ankara zusammen. Gegen beides versuchen die Kurden in diesem Jahrhundert in zahlreichen Aufständen immer wieder anzukämpfen. Der wohl größte, den die Türkei erlebte, fand 1938 in Dersim, dem heutigen Tunceli, statt.

Noch in den siebziger Jahren sehen die Kurden Tuncelis in der türkischen Verwaltung, der Polizei und dem Militär nichts anderes als Besatzer. Und die wirtschaftliche Lage ihrer Stadt ist nahezu unverändert katastrophal geblieben. Vor diesem Hintergrund leitet die Bevölkerung eine Entwicklung ein, die sie in diesen Jahren erneut zu einem Vorreiter für die gesamte kurdische und türkische Linke des Landes werden läßt.

In diesem Zusammenhang ist es notwendig, klar zwischen dieser politisch fortschrittlichen, aber größtenteils verbotenen Bewegung in Tunceli und der offiziellen parlamentarischen Entwicklung zu unterscheiden: die Gesetze sehen vor, daß die Bevölkerung Tuncelis drei Abgeordnete für das Parlament in Ankara und den Stadtbürgermeister neben fünf ihm unterstellten *Muhtars* (für die einzelnen Stadtviertel) wählt, und zwar in der Regel alle vier Jahre. Dabei sind nur Kandidaten der offiziellen türkischen Parteien zugelassen. Der oberste politische Landesherr der Provinz, der Gouverneur, der auch in die Kommunalpolitik eingreifen kann, wird nicht gewählt, sondern vom türkischen Innenministerium in Ankara bestimmt.

Nach dem Militärputsch von 1971 werden erstmals 1973 wieder allgemeine Wahlen in Tunceli abgehalten. Für den Kongreß wird dabei je ein Abgeordneter von der Sozialdemokratischen Partei CHP und von der Gerechtigkeitspartei AP gewählt. Der dritte Abgeordnete für den Senat gehört ebenfalls der AP an. Der Bürgermeister der Stadt ist zu dieser Zeit parteilos.

Bei den vorgezogenen Neuwahlen von 1974 werden alle drei Kandidaten der CHP zu Parlamentsabgeordneten in Ankara gewählt. Keiner Partei zugehörig bleibt weiterhin der Bürgermeister. Bei den nächsten Wahlen von 1977 werden nicht nur alle drei Parlamentarier, sondern auch der Bürgermeister von der sozialdemokratischen Partei gestellt. Bis zum Militärputsch am 10. September 1980 bleiben alle CHP-Vertreter von Tunceli in ihren Ämtern.

Wie wenig sich aber gerade die kurdische Jugend und in zunehmendem Maße auch die ältere Bevölkerung Tuncelis, trotz der sich in den Wahlen abzeichnenden verstärkten Hoffnung auf die CHP, durch die herrschenden türkischen Parteien wirklich vertreten fühlen, zeigt die gleichzeitige starke Politisierung und Radikalisierung: Mit der Aufhebung des Kriegsrechtes finden 1972 die ersten großen Demonstrationen in Tunceli statt, die sich gegen die türkische Mißwirtschaft und Zensur sowie für eine Demokratisierung im Lande aussprechen. Diese Demonstrationen springen wenig später auf türkische Städte im Westen über und bestätigen in den Augen des türkischen Staates den Ruf Tuncelis als ständiger politischer Unruheherd.

In den gleichen Jahren wird in Tunceli eine große Anzahl von linken türkischen Fraktionen und Parteien sowie linken kurdischen Fraktionen aufgebaut, die zuvor von der kurdischen und türkischen Studentenbewegung in Ankara und Istanbul gegründet worden sind. Den überwiegenden Teil ihrer aktiven und geschulten Anhängerschaft stellen dabei die Schüler aus Tunceli.

Programmatisch unterscheiden sich diese politischen Gruppen in der ideologischen Ausrichtung auf die Kommunistischen Parteien Albaniens, Chinas und der Sowjetunion und in der Antwort auf die Frage, inwieweit die Befreiung Kurdistans in alleiniger Regie des kurdischen oder in Zusammenarbeit mit dem türkischen Volk erreicht werden kann. Weitere Unterschiede liegen in verschiedenen Theorieansätzen über Kapitalismus und Unterentwicklung und in der Frage, inwieweit diese militant überwunden werden können. Nur ein geringer Teil aller linken Gruppen - hauptsächlich kurdische Fraktionen - entscheidet sich für eine Guerillatätigkeit. Ihre Anhänger erhalten bei der PLO eine militärische Ausbildung und führen nach ihrer Rückkehr in den siebziger Jahren einige Bombenanschläge auf türkische Einrichtungen in Tunceli aus und sind vereinzelt in Feuergefechte mit dem türkischen Militär verwickelt. Nach dem Militärputsch von 1971 werden von ihnen einige türkische Kollaborateure und Folterer erschossen.

Da nach türkischem Gesetz jegliche Art von kurdischer Organisation und Aktivität verboten ist, können sich nur die linken türkischen Fraktionen in Tunceli legal organisieren und unterliegen relativ wenigen Einschränkungen ihrer politischen Arbeit. Da sie länger als die rund 25 kurdischen Fraktionen bestehen, besitzen sie auch den größten Einfluß auf die kurdische Jugend. Zu ihren größten Gruppen in der Stadt zählen dabei »Halkin Kurtuluşu«, »Halkin Yolu« und »Halkin Birligi«. Die Hauptaktivitäten aller Fraktionen bestehen in der

Schulung ihrer Anhängerschaft, der Delegierung fähiger Mitglieder in andere Städte der Türkei, der Aufklärungsarbeit in der Bevölkerung, der Unterhaltung von Vereinshäusern und Buchläden sowie der Durchführung von Demonstrationen, zu denen es alljährlich 20- bis 25mal in Tunceli kommt. An ihnen beteiligen sich nicht nur viele Schüler, sondern auch einige tausend Einwohner. Sie ziehen durch die Straßen und demonstrieren bei unterschiedlichen Anlässen gegen die Unterdrückung ihres Volkes, gegen hohe Preissteigerungen und fehlende Arbeitsplätze, gegen die schlechte Strom-und Wasserversorgung der Stadt und für ein besseres Straßennetz der Provinz, aber auch gegen die Anwesenheit amerikanischer Militäreinrichtungen in der Türkei, gegen die Verhaftung, Folterung und Ermordung von fortschrittlichen Kurden und Türken in Tunceli und anderen Städten. Gegen diese in der Regel verbotenen Demonstrationen, die häufig die türkischen Einrichtungen in der Innenstadt zum Ziel haben, werden Polizei- und Armee-Einheiten eingesetzt, die zum Teil gewaltsam gegen die Teilnehmer vorgehen.

Bei Verhaftungen in diesem oder anderem Zusammenhang wird dabei nahezu gleichbleibend Anklage »wegen kurdischer und kommunistischer Propaganda« erhoben. Damit verbunden sind zahlreiche Fälle von Folterungen in der Polizeistation und in der Kaserne von Tunceli. Erst nach den Folterungen werden die Verhafteten dem Richter vorgeführt, verurteilt und in das Stadtgefängnis überstellt.

Einige der Demonstrationen haben jedoch einen anderen Anlaß. Sie gehen ausschließlich auf Konflikte innerhalb der Linken zurück, die in zunehmendem Maße zu einem festen Bestandteil des politischen Alltags zu werden drohen. Aufgrund der unterschiedlichen ideologischen Ausrichtung kommt es zwischen den einzelnen Fraktionen immer wieder zu erbitterten politischen Auseinandersetzungen, was körperliche Angriffe und in einigen Fällen die Tötung des politischen Gegners mit einschließt.

Als 1978 über Tunceli zum zweiten Mal in diesem Jahrzehnt das Kriegsrecht verhängt wird, übernimmt das Militär alle Funktionen der Polizei und Teile der Zivilverwaltung. Für die Bevölkerung bedeutet das Kriegsrecht eine zusätzliche schwere Beeinträchtigung ihres wirtschaftlichen und politischen Lebens. So werden zu unterschiedlichen Tages- und Nachtzeiten Ausgangsverbote verhängt und jede Art öffentlicher Versammlung, die bereits aus vier Passanten auf der

Straße bestehen kann, verboten. Gleichzeitig werden auch alle linken Vereinshäuser und Buchläden geschlossen und einige politische Organisationen verboten. Bei Verstößen gegen diese oder andere Bestimmungen droht den Einwohnern Tuncelis eine Bestrafung nach militärischen Gesetzen. Die linken Gruppen der Stadt führen allerdings ihre Arbeit im Verborgenen unvermindert weiter.

Was die politischen Feiertage das Jahr über angeht, so beteiligen sich die kurdischen Einwohner Tuncelis nur zu einem ganz geringen Teil. Die einzige Ausnahme bilden die Feiern zum 1. Mai in den Jahren 1975 bis 1977, die als »Tag der Arbeit« - und nicht als der in der Türkei übliche »Frühlingsanfang« - von Tausenden von Kurden begangen werden. Unter dem Kriegsrecht von 1978 ist das jedoch verboten. Der 1. Mai wird nur von einigen militanten kurdischen Gruppen zum Anlaß genommen, öffentliche Aktionen durchzuführen.

Bei allen offiziellen türkischen Festen, wie zum Beispiel dem türkischen Republik-Feiertag im September, bleibt die Mehrheit der kurdischen Bevölkerung aus Desinteresse fern, so daß die dazu abkommandierten kurdischen Schulklassen und die türkische Minderheit unter sich bleiben. Aus Angst vor Verfolgung feiert die kurdische Bevölkerung auch nicht ihre eigenen Feste, beispielsweise den kurdischen Nationalfeiertag Nevroz. Einige Anhänger kurdischer Fraktionen starten dabei das gefährliche Unternehmen, nachts an den Berghängen Tuncelis große Feuer abzubrennen und Gewehrsalven in die Luft abzufeuern.

Die Familie Özgan

Ein Haus mit Strom und Wasser

Im Sommer 1973 hat der Bruder von Sahhe für die Özgans ein kleines Haus im Stadtviertel Munzur Mahallesi gefunden. Es ist ebenerdig gebaut und besteht aus drei Zimmern, einer Küche und einer Toilette. Die Mutter Sahhe zieht hier ein und holt ihre Kinder aus Meşeyolu nach. Dies sind Ousso, Eme, Alo, Fate, Asme und Hene. Durso, der bereits seit drei Jahren in Tunceli die Mittelschule besucht und in einem Elendsviertel am Stadtrand wohnt, zieht ebenfalls zu seiner Familie. Ousso und Eme verlassen einen Monat später die Familie und fahren in die Bundesrepublik. Die zurückbleibenden Familienmitglieder wohnen in diesem Haus bis zum Sommer 1974.

Da sie hier keinen Strom- und Wasseranschluß besitzen, ziehen sie in ein anderes Mietshaus um. Es liegt im gleichen Stadtteil, hat aber neben einer Küche und einer Toilette nur zwei Zimmer. Hier wohnen sie etwa 15 Monate lang. Im Herbst 1975 folgt ein weiterer Umzug in ein Haus in der Nachbarschaft. Es ist einstöckig und besteht aus drei Zimmern, einer Küche, einer Toilette sowie einem Bad. Außerdem ist das Haus an die städtische Strom- und Wasserleitung angeschlossen. Abgesehen von Durso, der ein Jahr später in die Bundesrepublik fährt, leben sie in diesem Mietshaus bis 1977.

In der Zwischenzeit kommt der Vater Musto zweimal auf Urlaub zu seiner Familie. Er hat beschlossen, ihr ein eigenes Haus zu bauen, so wie es viele Leute in Tunceli bereits haben. Zu diesem Zweck hat er einen Bankkredit in der Bundesrepublik aufgenommen und kauft zwei Grundstücke im Stadtviertel Dag Mahallesi. Er läßt Baupläne zeichnen und beauftragt einige Bauarbeiter mit der Grundsteinlegung. Hierbei wie bei dem Bau des Erdgeschosses arbeiten Sahhe und Alo voll mit, um Geld zu sparen.

Als das Erdgeschoß 1977 fertiggestellt ist, zieht die Familie in ihr eigenes Haus ein. Es besteht aus zwei je 80 Quadratmeter großen Wohnungen mit drei Zimmern, Küche, Toilette und Bad. Strom- und Wasseranschlüsse sind vorhanden. In die zweite Wohnung zieht die Familie von Sahhes Bruder ein und wohnt hier unentgeltlich.

Da der Vater Musto in der folgenden Zeit nur wenig Geld aus Deutschland schickt, braucht seine Familie weitere anderthalb Jahre, um auch den ersten Stock des Hauses fertigzustellen.

Das Geld, das der Vater schickt, reicht nicht

Von 1973 bis 1980 lebt die Familie Özgan zu einem überwiegenden Teil von dem Geld, das der Vater monatlich aus der Bundesrepublik schickt. Ab 1975 kommen hierzu kleinere Geldbeträge von Eme, die dort ebenfalls arbeitet. Für den Rest des Unterhalts kommt die Familie selbst auf. Zu diesem Zweck verrichten die Jungen verschiedene Gelegenheitsarbeiten: Sie verkaufen Zeitungen oder sind als Wasserträger und Schuhputzer beschäftigt. Für die Mädchen der Familie sind dagegen alle Arbeiten außerhalb des Hauses verboten. Manchmal ist die Mutter gezwungen, sich Geld von Verwandten zu leihen.

Als Schüler in kurdischen Fraktionen

Nachdem Durso 1973 seine dreijährige Mittelschulzeit abgeschlossen hat, besucht er drei weitere Jahre das allgemeine Gymnasium der Stadt. 1976 macht er das Abitur.

Alo besucht von 1973 bis 1975 in Tunceli die Mittelschule. Da er Interesse an einer praktischen Ausbildung hat, wechselt er danach auf das berufliche Gymnasium der Stadt. Diese Gymnasiumszeit dauert ebenfalls drei Jahre. 1979 muß Alo jedoch die elfte Klasse vorzeitig wegen politischer Auseinandersetzungen verlassen. Wie viele andere Schüler auch arbeitet er aktiv in einer linken kurdischen Fraktion mit. Als nun einer seiner Klassenkameraden, der in der gleichen Fraktion tätig ist, von einer anderen linken politischen Gruppe erschossen wird, hat Alo Angst und verläßt das Gymnasium. Er fährt daraufhin nach Adana und Mersin und versucht, dort den Abschluß am beruflichen Gymnasium nachzuholen. Beide Male wird er aber abgelehnt.

Nachdem Fate die erste Grundschulklasse 1972/73 wiederholen mußte, besucht sie von der zweiten bis zur fünften Klasse die Grundschule in Tunceli. Anschließend geht sie von 1977 bis 1980 in die Mittelschule. Während dieser Jahre arbeitet sie in einer linken kurdischen Fraktion mit. Als sie kurz vor Abschluß ihres achten Schuljahres steht, ruft ihre Fraktion einen Schulstreik aus. Sie beteiligt sich daran und bekommt deswegen vorläufig kein Abschlußzeugnis ausgestellt.

Wegen einer schweren Krankheit wird Asme erst 1974 eingeschult. Sie ist etwa sieben Jahre alt. Sie besucht bis 1979 die Grundschule.

Hene ist sechs Jahre alt, als sie 1975 eingeschult wird. Sie besucht die Grundschule nur bis zur vierten Klasse, weil sie danach von ihren Eltern in die Bundesrepublik geholt wird.

Durso und Alo in Istanbul

Durso und Alo fahren nach ihrer Gymnasial-Zeit jeweils für einige Monate nach Istanbul und arbeiten in Kaufhäusern, Restaurants und Kaffeehäusern als Aushilfskräfte sowie als Lastenträger. Durso bewirbt sich gleichzeitg an mehreren naturwissenschaftlichen Fakultäten der Universität Istanbul. Er besteht jedoch nicht die hierfür notwendigen Aufnahmeprüfungen.

Die Familie verläßt ihre Heimat

Unterschiedliche Gründe veranlassen zunächst einige, dann schließlich alle Familienmitglieder, in die Bundesrepublik zu gehen. Einmal sind es die erhofften besseren Arbeitsmöglichkeiten in diesem fernen Land, über das in Tunceli soviel Gutes erzählt wird. Zum anderen bekommt man dort eher einen Studienplatz, denn die Chancen an einer türkischen Universität sind wegen der hohen Bewerberzahlen sehr gering. Außerdem will der Vater Musto nach jahrelanger Einsamkeit endlich wieder seine Familie um sich haben. Doch da die Reisekosten, die der Vater für jedes einzelne Familienmitglied aufbringen muß, sehr hoch sind, vergehen sechs Jahre, bis alle Özgans Tunceli verlassen haben.

Ousso ist der erste, der im Sommer 1973 in die Bundesrepublik fährt. Sein Vater hat ihm eine Arbeit in einem kleinen Betrieb in Mannheim vermittelt. Eme erhält ebenfalls einen Anwerbevertrag und bricht einen Monat nach Ousso in die Bundesrepublik auf. Durso folgt im Oktober 1976. Er will in der Bundesrepublik studieren und braucht zur Einreise damals nur ein Touristenvisum. (Die Gesetze sind mittlerweile verschärft worden.)

Im Rahmen der Familienzusammenführung reist die Mutter im Februar 1979 nach, gefolgt im Sommer des gleichen Jahres von Alo, Asme und Hene. Nur wenige Monate vor dem Militärputsch in Ankara verläßt Fate als letzte Tunceli.

Das Leben in der Fremde (seit 1969)

Die Familie Özgan kommt in die Bundesrepublik

Musto beginnt in der Illegalität

Anfang Juni 1969 kommt Musto in Istanbul an. In Tunceli hat er sich zuvor 5 000 DM von einem Bekannten geliehen und kauft sich davon nun eine Busfahrkarte Istanbul-München sowie einen neuen Anzug, eine Krawatte und einen Mantel. Er hat nämlich gehört, daß man in diesem fernen Land nur teure Kleidung trägt, und will deshalb durch sein Äußeres gleich einen guten Eindruck machen.

Mit ihm brechen etwa 1 500 Türken in einer langen Buskolonne in die Bundesrepublik auf. Die meisten von ihnen haben wie Musto nur ein Touristenvisum und wollen alle Arbeit finden. Als sie an der deutschen Grenze ankommen, vermuten die Zöllner eben diesen Mißbrauch des Touristenstatus und verweigern allen die Einreise. Ein Großteil von ihnen kehrt daraufhin wieder in die Türkei zurück. Musto kann dies jedoch nicht machen. Einerseits droht ihm dort eine Gefängnisstrafe, andererseits muß er für seine Familie Geld verdienen. So bleibt er zunächst einen Monat in Österreich - er erhält für diese Zeit eine Aufenthaltserlaubnis - und bezahlt von dem mitgebrachten Geld seinen Hotelaufenthalt.

Anfang April versucht Musto erneut, in die Bundesrepublik einzureisen. Er benutzt dabei den Zug und hofft, als Einzelreisender nicht aufzufallen. Das klappt, und er fährt über München sofort weiter nach Stuttgart, denn dort arbeitet ein kurdischer Bekannter aus Tunceli. Dessen Angehörige haben Musto genau beschrieben, wie er nach Stuttgart kommt. Außerdem hat er einen Zettel erhalten, auf dem in deutscher Sprache die genaue Anschrift steht. Mit diesem Zettel fragt sich Musto bis zur Wohnung seines Bekannten durch.

Dieser verschafft ihm in Stuttgart eine Arbeit bei einer Baufirma, die nicht nach seiner Aufenthalts- und Arbeitserlaubnis fragt. Musto ist nicht der einzige, der hier illegal beschäftigt ist. Mit ihm arbeiten viele Türken, die ebenfalls »Touristen« sind.

Mustos Bekannter kann ihm nicht bei der Suche nach einer Unterkunft helfen. Er selbst lebt mit seiner Familie in einer viel zu kleinen Wohnung. So schläft Musto einen Monat lang nachts auf Parkbänken und treibt sich in Lokalen herum. Er hat dabei große Angst, von der Polizei kontrolliert und in die Türkei abgeschoben zu werden. Schließlich erhält er einen Platz im Arbeiterwohnheim seiner Baufirma. Dort lebt er mit vier türkischen Kollegen in einem kleinen Raum zusammen. Für die Benutzung des Betts und der Waschanlagen muß er 100 DM pro Monat bezahlen. Nachdem ihm sein Chef noch regelmäßig die Sozialabgaben von seinem Lohn abzieht, obwohl er nicht versichert ist, bleiben Musto monatlich 380 DM zum Leben übrig.

Die Arbeit, die er machen muß, ist sehr schwer, und es kommt häufig zum Streit mit dem deutschen Vorarbeiter, der unzufrieden mit seiner Arbeitsleistung ist. So lernt Musto einige der ersten deutschen Wörter durch die Beschimpfung durch den Meister : »Leck mich am Arsch, du dreckiger Türke!« Wenn er dies hört, ist Musto wütend, kann sich aber nicht dagegen wehren, weil er Angst hat, seine Arbeit zu verlieren. Etwas Hilfe erhält er jedoch von seinen türkischen Kollegen, die ihm vieles erklären und ihm auch etwas Deutsch beibringen.

Nach eineinhalb Jahren bei dieser Firma erfährt Musto, daß es in Reutlingen ebenfalls ein Bauunternehmen gibt, das Ausländer illegal beschäftigt, aber besseren Lohn auszahlt. Er bricht daraufhin seine Arbeit in Stuttgart ab und beginnt in Reutlingen als Hilfsarbeiter auf dem Bau. Dort verdient er monatlich 800 DM und lebt mit zwei Türken in einem Zimmer eines Wohnheims.

Ein halbes Jahr später, 1971, hört Musto in einer türkischen Gastwirtschaft von einer Arbeitsstelle, die es in Mannheim geben soll. Um welche Arbeit es sich dabei handelt, weiß er nicht, sie soll nur gut bezahlt sein. Arbeitgeber ist die US Army. Musto läßt sich den Weg beschreiben, packt seine wenigen Habseligkeiten in einen Koffer und fährt nach Mannheim. Hier stellt er sich beim Einstellungsbüro der Amerikaner vor und erhält ohne weitere Prüfung seiner Ausweispapiere die Arbeit als Koch in der Großküche, die die Kantine der Soldaten versorgt. Mit 220 Arbeitsstunden im Monat kommt er auf 750 DM. Da die Arbeitsbedingungen aber gut sind und er mit der Zeit engen Kontakt zu deutschen Kollegen findet – von diesen lernt er weiter Deutsch –, ist er zufrieden und bleibt. Bis 1973 wohnt er in der Innenstadt von Mannheim in einer Ein-Zimmer-Wohnung in einem Altbau, ohne Küche und Toilette.

In diesen Jahren überlegt sich Musto, daß er eigentlich länger in der Bundesrepublik bleiben will. Der Lebensstandard ist hier höher als in der Türkei, und er verdient genügend Geld. Ihn belastet aber, daß er und seine Familie in Trennung leben. Deshalb nimmt er sich vor, seine Kinder und seine Frau schrittweise hierher nachzuholen. Seine ältesten Söhne haben ihm ohnehin schon oft geschrieben, daß sie in der Bundesrepublik arbeiten wollen.

Zunächst leidet Musto jedoch immer noch unter dem Druck, illegal in der Bundesrepublik zu sein. Er lebt jetzt seit etwa drei Jahren in der ständigen Angst, von der deutschen Polizei gefaßt zu werden. Im Sommer 1972 erfährt er dann von einem Gesetz, durch das er nachträglich eine Arbeits- und Aufenthaltsgenehmigung erhalten kann. Voraussetzung dafür ist, daß er sich in der Türkei die notwendigen Unterlagen beschafft. Musto läßt sich deshalb von der US Army beurlauben und fährt - wie bereits berichtet - nach Tunceli.

Bei seiner verspäteten Rückkehr nach Mannheim im März 1973 ist Musto froh, daß er sowohl seine Arbeitsstelle in der Kaserne behalten hat, als auch, daß ihm nun endlich die Aufenthaltsgenehmigung und die Arbeitserlaubnis ausgestellt wird. Zum ersten Mal kann sich Musto in der Bundesrepublik frei bewegen.

Im Sommer 1973 holt er dann seinen ältesten Sohn Ousso und seine älteste Tochter Eme nach Mannheim. Kurz zuvor ist er in eine andere Ein-Zimmer-Wohnung in der Stadt umgezogen, die zumindest eine eigene Küche und Toilette besitzt. Hier wohnt er bis 1975 mit Ousso zusammen. Eme lebt in der Zwischenzeit in einem Arbeiterwohnheim.

1975 kündigt Musto seine Stellung als Koch. Als Fließbandarbeiter in einer Fabrik bekommt er nämlich 100 DM mehr Lohn. Außerdem findet er eine größere Wohnung mit zwei Zimmern, Küche und Toilette, so daß auch seine Tochter Eme bei ihm wohnen kann.

1976 beginnt Musto erneut in den US-Kasernen zu arbeiten, da sie ihm jetzt monatlich 1100 DM bezahlen. Hier bleibt er bis 1980 weiter als Koch beschäftigt.

1976 zieht Musto auch das letzte Mal mit seinen Kindern in Mannheim um. Sie leben jetzt in einer Drei-Zimmer-Altbauwohnung mit Küche, Bad und Toilette. Ein dazugehörendes viertes Zimmer wird noch bis 1978 von einer alten deutschen Frau bewohnt. Danach steht auch dieser Raum den Özgans zur Verfügung.

In den ersten Jahren seines Aufenthaltes in der Bundesrepublik leidet Musto unter vielem: Die fremde Kultur der Deutschen und ihre fremde Sprache sowie seine damit zusammenhängende Isolation machen ihm zu schaffen. Das einzige Vertraute ist für ihn, daß er sich manchmal mit türkischen Arbeitskollegen oder mit anderen Türken in Gastwirtschaften über die Türkei unterhält. Mit ihnen kann er aber nicht über seine wirkliche Heimat Kurdistan sprechen, weil sie ihn sonst beschimpfen würden.

Zu seiner Familie in Tunceli kann Musto nur Kontakt über Briefe halten, wobei er sich Sorgen macht, wie er sie ernähren soll. Von dem wenigen Geld, das er anfänglich verdient, muß er zunächst seine 5 000 DM Schulden zurückbezahlen und kann ihnen deshalb nur alle drei, vier Monate 50 DM überweisen. Um seine Familie nicht noch zusätzlich zu belasten, schreibt er ihr gar nichts von seinen Problemen als Ausländer in der Bundesrepublik, auch nicht, daß er hier wegen des schlechten Wetters oft krank wird. Es sind ohnehin Probleme, die er als Mann alleine lösen muß.

Als Musto mehr Geld verdient, schickt er seiner Frau jeden Monat 200 bis 300 DM. Außerdem kann er sich jetzt Geräte kaufen, die er sich in der ersten Zeit nur in Kaufhäusern anschauen konnte. Dazu zählen ein Fotoapparat und ein Plattenspieler.

Seine Freizeit verbringt er meistens in türkischen Lokalen der Stadt. Einige Male besucht er auch das Kino. Hierbei nutzt er die Gelegenheit und schaut sich Sexfilme an, die in der Türkei verboten sind. Nachdem er etwas mehr Deutsch gelernt hat, ist Musto auch oft mit deutschen Frauen zusammen, die er entweder in Bars oder in Bordellen kennenlernt. Sie kosten ihm zwar viel Geld, aber er findet hier sowohl etwas Geborgenheit in seiner Einsamkeit als auch sexuelle Bestätigung. Einen Vorteil sieht er darin, »daß deutsche Frauen sich viel freier als türkische oder kurdische bewegen«.

Als Musto 1976 die Drei-Zimmer-Wohnung gefunden hat, holt er im gleichen Jahr seinen Sohn Durso nach. Im Februar 1979 folgt seine Frau. Im Sommer 1979 kommen Alo, Asme und Hene, ein Jahr später Fate.

Mustos Urlaube in diesen Jahren, die er alle in Tunceli verbringt, erfüllen verschiedene Zwecke: Einmal will er seine zurückgebliebene Familie besuchen und von seiner Heimat etwas mitbekommen. Auf der anderen Seite gibt es eine Reihe von praktischen Gründen. Als er so 1975 das zweite Mal nach Tunceli fährt, wird seine Tochter Eme verlobt. Gleichzeitig kauft er zwei Grundstücke in der Stadt, um dort später ein eigenes Haus für seine Familie bauen zu können. Für diesen Zweck hat er zwei Jahre lang den gesamten Verdienst seiner beiden ältesten Kinder in der Bundesrepublik einbehalten. Beim dritten Besuch 1976 soll Eme verheiratet werden. Außerdem läßt er einen Bauplan für das Haus zeichnen und überwacht die Grundsteinlegung. 1978 bringt Musto wiederum Geld mit nach Tunceli, damit davon die Baumaterialien für den zweiten Stock seines Hauses bezahlt werden können. 1980 besucht er Fate, die alleine in Tunceli zurückgeblieben ist, und beantragt für sie einen Paß, damit sie wenig später in die Bundesrepublik nachkommen kann. Wie bei allen vorangegangenen Fahrten bringt der Vater auch diesmal Kleider, Schuhe, Elektrowaren und Werkzeuge mit, die alle im Haus der Familie eingeschlossen werden. Musto will für spätere Notzeiten Vorräte anlegen.

Ousso gründet eine eigene Familie

Ousso ist seinem Paß nach 18 Jahre alt, als er im Juni 1973 eine Bescheinigung nach Tunceli geschickt bekommt, mit der er legal in die Bundesrepublik einreisen und hier bei dem Betrieb, der ihn angeworben hat, arbeiten kann. Er fährt mit dem Zug nach München, dann nach Mannheim, wobei ihm einige Türken beim Umsteigen behilflich sind. Am Bahnhof wird er von seinem Vater abgeholt und in dessen damalige Ein-Zimmer-Wohnung gebracht. Der Vater sagt ihm in der ersten Zeit: »Du sollst im Haus bleiben, sonst verirrst du dich.«

Einige Tage nach Oussos Ankunft bringt der Vater ihn zu der Arbeitsstelle, für die er angeworben wurde. Es ist ein kleiner Steinmetzbetrieb. Ousso wird hier für die Arbeit an einer Steinschneidemaschine angelernt. Bei der Übersetzung helfen ihm einige Türken, die ebenfalls in diesem Betrieb beschäftigt sind. Die Mehrheit sind allerdings Deutsche, von denen er die Sprache etwas lernt. Bis 1977 bleibt er hier beschäftigt.

Ousso wohnt in dieser Zeit bei seinem Vater. Ihm muß er auch jeden Monat seinen Lohn abliefern, von dem der Vater ein Grundstück in Tunceli bezahlen will. Ousso akzeptiert das, zumal er regelmäßig von seinem Vater ein ausreichendes Taschengeld erhält.

Abgesehen von dem Erlernen der Sprache hat Ousso in den ersten Jahren seines Aufenthaltes in der Bundesrepublik relativ wenig Probleme. Dies liegt auch daran, daß ihm nur weniges in diesem Land fremd ist, weil er lange ein »ähnliches« Leben in der Großstadt Istanbul geführt hat und sehr kontaktfreudig ist, so daß er rasch Türken und Deutsche kennenlernt.

1975 fährt Ousso zusammen mit seinem Vater und seiner Schwester Eme auf Urlaub nach Tunceli. Eme wird dort verlobt, und er selbst muß bei dieser Gelegenheit daran denken, ebenfalls eine Familie zu gründen. Aus früheren Zeiten kennt er ein kurdisches Mädchen in Tunceli, mit dem er jetzt vereinbart, sie im kommenden Jahr zu heiraten.

Als Ousso wieder nach Mannheim zurückgekehrt ist, teilt er seinen Entschluß dem Vater mit und sagt ihm, daß er ihm in Zukunft nicht mehr seinen Lohn aushändigen wird. Er will das Geld sparen, um davon seine spätere Familie zu versorgen. Er wird daraufhin heftig von seinem Vater beschimpft, der seine Autorität gebrochen sieht und außerdem mit der Finanzierung der Hauspläne in Tunceli in Schwierigkeiten kommt. Der Vater glaubt, der Sohn sei noch zu jung zum Heiraten. Er solle damit lieber warten und in der Zwischenzeit all seinen Lohn weiterhin dem Vater geben.

Trotz der Angst vor seinem Vater bleibt Ousso bei seinem Vorhaben und fährt im Sommer 1976 nach Tunceli, um zu heiraten. Dort hat aber auch seine Mutter Einwände gegen die Heirat. Sie glaubt nämlich, daß die Frau, die Ousso sich ausgesucht hat, »dumm« sei. Ousso läßt sich aber davon nicht beeindrucken, heiratet seine kurdische Freundin, nachdem er ihren Eltern den Brautpreis von 600 DM bezahlt hat, und meldet ihre Ehe in der Stadt an. Anschließend fahren beide in die Bundesrepublik. Ousso und seine Frau wohnen nun in der Wohnung seines Vaters in einem der drei Zimmer bis 1979.

1977 gebärt ihm seine Frau eine Tochter. Ousso legt großen Wert darauf, daß sein Kind im Krankenhaus zur Welt kommt, damit es deutsche Ärzte im Notfall versorgen können. Einige Monate später fahren sie zu dritt nach Tunceli. Ousso ist stolz auf sein Kind und will es sowohl in der eigenen Familie als auch in der seiner Frau vorzeigen.

Als sie nach dem Sommerurlaub nach Mannheim zurückkehren, kündigt Ousso seine Stelle in der Stadt und beginnt in einer Randgemeinde wiederum als Steinmetz zu arbeiten. Hier verdient er mehr Geld.

1978 bringt seine Frau einen Sohn zur Welt. Im darauffolgenden Jahr fährt Ousso mit seiner Familie zum vorerst letzten Mal nach Tunceli. Wieder in Mannheim wird Ousso wegen Auftragsmangel gekündigt. Er bleibt daraufhin ein halbes Jahr arbeitslos. In der Zwischenzeit zieht er mit seiner Familie in eine Drei-Zimmer-Wohnung am Stadtrand, weil mittlerweile durch seine nachkommenden Geschwister in der Wohnung des Vaters kein Platz mehr vorhanden ist. Ousso ist aber auch froh, jetzt vollkommen unabhängig von seiner Familie zu sein.

Im Frühjahr 1980 erhält er durch die Vermittlung des Arbeitsamtes eine Arbeit in einer großen Fabrik am Ort. Dort ist er bis heute beschäftigt.

Ousso kommt alleine für den Unterhalt seiner Familie auf. Für ihn ist das selbstverständlich, weil er »der Chef in der Familie« ist. Überhaupt sind »Männer stärker als Frauen«, weshalb er seine Frau auch als seinen Besitz ansieht, auf den er aufpassen muß. Aus diesem Grund will er, daß sie zu Hause bleibt und sich nur um den Haushalt kümmert. Er sagt: »Wir brauchen nicht mehr Geld, und ich liebe meine Frau!« Außerdem würde sie nach seiner Meinung ohnehin Schwierigkeiten haben, eine Arbeitsstelle zu finden, weil sie nur wenig Deutsch spricht.

Im Schichtdienst kommt Ousso monatlich auf 2 000 DM. Da er aber vor einiger Zeit einen Kredit von 40 000 DM aufgenommen und davon ein kleines Haus in Istanbul gekauft hat, werden ihm von seinem Lohn 1 200 DM monatlich als Ratenzahlung abgezogen. Trotzdem bleibt ihm zur Versorgung der Familie etwa die gleiche Summe. Sie setzt sich aus dem Restlohn, dem Kindergeld, aus Mieteinnahmen von seinem Haus in Istanbul sowie aus seinem Nebenverdienst als Schiedsrichter eines türkischen Fußballclubs zusammen. Finanziell belasten wird ihn, daß seine Einberufung zum türkischen Militär bevorsteht. Er will nicht gerne Soldat werden, weil dies eine Trennung von seiner Familie bedeuten würde und er zusätzlich befürchtet, dort als Kurde schlecht behandelt zu werden. So will er die 22 000 DM sparen, die er dem türkischen Verteidigungsministerium zahlen muß, um nur die - nach dem Gesetz festgelegte - verkürzte Militärdienstzeit von zwei Monaten ableisten zu brauchen.

Während er acht Stunden lang arbeitet, kümmert sich seine Frau um das Saubermachen, das Waschen und Kochen. Dabei hat sich die Familie nach dem Willen von Ousso daran gewöhnt, überwiegend deutsche Gerichte zu essen, da ihm die kurdischen und türkischen nur noch selten schmecken.

Um die Kindererziehung kümmern sich beide Elternteile. Ousso sieht für sich eine wichtige Aufgabe darin, weil er »mehr von der Welt gesehen hat als seine Frau« und diese Erfahrungen seinen Kindern weitergeben will. Zu seinen Erziehungsmethoden zählt sowohl das Erklären als auch das Bestrafen. Manchmal schlägt er seine Kinder, wenn er sich zum Beispiel durch ihren Lärm gestört fühlt. Genauso schlägt er aber auch seine Frau, wenn sie ihm »zuviel redet«.

Für seine Tochter und seinen Sohn wünscht sich Ousso, daß sie viel von der Bundesrepublik lernen. Er hat sie deshalb auch von Anfang an in einen deutschen Kindergarten geschickt. Es macht ihm nichts aus, daß sie dort christlich erzogen werden. Gleichzeitig hat es Ousso eingeführt, die Geburtstage seiner Kinder zu feiern. Er will ihnen damit eine Freude bereiten, die er und seine Frau aufgrund ihrer fehlenden Geburtsdaten nie kennengelernt haben.

Die Kinder wachsen in der Familie zweisprachig auf. Ousso spricht mit ihnen sowohl Deutsch als auch Türkisch. Er redet dabei bewußt nur ganz selten Kurdisch mit ihnen, damit sie in den ersten Jahren nicht noch durch eine dritte Sprache überfordert werden. Nach seiner Vorstellung sollen sie diese erst später lernen.

Einen großen Teil seiner Freizeit verbringt Ousso außerhalb seiner Familie. Er spielt gerne Karten in türkischen Lokalen, trainiert eine türkische Fußballmannschaft und macht Karate. Häufiger ist er aber mit deutschen Arbeitskollegen zusammen, weil sie in seinen Augen »gebildeter« sind und ihm die deutsche Lebensart besser gefällt. Manchmal nimmt er sich jedoch auch Zeit, mit seiner Frau und seinen Kindern ins Schwimmbad zu fahren oder mit ihnen seine eigene Familie in der Innenstadt zu besuchen.

Zu Hause beschäftigt sich Ousso viel mit seinen Kindern, wobei er oft mit ihnen spielt. Er liebt sie besonders und will zu ihnen ein enges und vertrautes Verhältnis schaffen, welches er zu seinem Vater nie hatte.

Um sich politisch auf dem laufenden zu halten, liest er regelmäßig die sozialdemokratisch orientierte Zeitung »Hürriyet« und hört sich – soweit dies seine Schichtarbeit erlaubt – die türkischen Sendungen von »Radio Köln« an. Obwohl er einen Fernsehapparat besitzt, sieht er nur selten fern.

Seit Ousso in Mannheim lebt, kommt er immer wieder mit deutschen Frauen zusammen; dies trotz seiner Ehe. Er »braucht das«, wie er sagt, und außerdem sei »dies normal für einen Mann«. Er will dabei keine Kondome benutzen, obwohl ihn sein Vater vor Geschlechtskrankheiten gewarnt hat, die hier weit verbreitet sein sollen. »Man muß halt aufpassen«, wie er meint, »aber im Puff oder in der Bar werden die Frauen ja medizinisch kontrolliert.« Von diesen Bekanntschaften weiß im übrigen seine Frau. Sie hat jedoch nach seiner Aussage »nichts dagegen«. Zur Tradition gehört es umgekehrt, daß ihm seine Frau treu bleibt.

Ousso muß oft an seine Heimat Kurdistan denken. So träumt er manchmal auch von Kortu. Es sind vor allem die Berge, die Tiere und die wilde Natur, die ihm in Erinnerung geblieben sind, aber auch, daß es für sie damals keine »Weltprobleme« gegeben hat. Seit Jahren hat er sich jedoch an das Leben in der Fremde gewöhnt, zuerst in Istanbul und dann in Mannheim. Ihm gefällt, daß er viel Geld verdienen kann, daß man hier sehr »zivilisiert« lebt und alles bekommt, was man will. Dies wiegt auch auf, daß er unter Deutschen nicht soviel Hilfsbereitschaft feststellen kann. Er selbst hat darunter nie leiden müssen, und finanziell geht es ihm sehr gut, wie er sagt. Deshalb versteht er auch viele Ausländer nicht, die sich über Probleme in der Bundesrepublik beklagen. Er findet ohnehin die deutsche Ausländerpolitik gerecht, wenn diese nicht mehr so viele »Fremde im Land« lassen will. »Wenn die deutsche Regierung glaubt, wir nehmen euch zu viele Arbeitsplätze weg, dann wird das stimmen«, meint Ousso. Er selbst will allerdings noch einige Jahre hier bleiben, bis seine Kinder mit der Schule fertig sind. In der Zeit will er noch weiter Geld verdienen und später dann mit seiner Familie nach Istanbul ziehen und im eigenen Haus leben.

Eme ist für den Vater gestorben

Eme kommt einige Wochen nach ihrem Bruder Ousso mit dem Zug in der Bundesrepublik an. Es ist August 1973, und sie ist etwa 19 Jahre alt. In Mannheim wird sie zunächst von ihrem Vater in dessen Wohnung gebracht und bleibt hier einige Tage. Dann fahren sie zusammen in eine Nachbargemeinde von Mannheim, in der der Betrieb liegt, der Eme als Arbeitskraft angeworben hat. Es ist eine Bekleidungsfirma, von der der Vater einige Monate zuvor über türkische Kollegen erfahren hatte, daß sie ausländische Arbeiterinnen suche. Daraufhin war er dort gewesen und hatte seine Tochter als Näherin angeboten.

Als solche wird Eme jetzt angestellt und erhält eine Schlafstelle in einem Arbeiterwohnheim am Ort zugewiesen. Hier lebt sie mit drei türkischen Kolleginnen in einem Zimmer.

Eme ist zum erstenmal in ihrem Leben in der Fremde und ohne ihre Familie. Ihr Vater ist wieder nach Mannheim zurückgekehrt, wo er und ihr Bruder die Woche über arbeiten. Sie wird beide allenfalls an einigen Wochenenden wiedersehen. Sie ist am Anfang sehr eingeschüchtert durch ihre Umgebung: die Menschen, die Maschinen, die Sprache. Etwas Hilfe erhält sie von einigen türkischen Kolleginnen, die ihr die Arbeitsvorgänge und ein paar deutsche Wörter beibringen. Die Verständigung mit den türkischen Frauen bringt für sie aber auch sehr viele Schwierigkeiten mit sich. Sie merkt, wie wenig Türkisch sie in ihrem Heimatdorf, in dem sie fast ihr ganzes Leben zugebracht hat, gelernt hat. Sie kann in dieser Sprache nicht alles ausdrükken, was sie sagen will. Natürlich bekommen dies auch viele türkische Frauen an ihrem Arbeitsplatz mit. Von ihnen wird Eme in der folgenden Zeit oft verächtlich als »Wilde« oder »Bergtürkin« bezeichnet. Besonders beschämt und wütend macht es sie, daß zu ihr »kızıl baş« gesagt wird. Dies ist ein altes türkisches Schimpfwort für Kurden, demzufolge kurdische Männer mit ihren Müttern, Schwestern und Töchtern schlafen. Eme kann sich nicht dagegen wehren. Sie ist die einzige Kurdin unter 40 türkischen Frauen. Von ihrem deutschen Meister bekommt sie dagegen die gleichen Wörter zu hören wie ihre Kolleginnen: »Scheißtürken«. Eme kann trotzdem eine Freundschaft zu einigen deutschen und türkischen Frauen aufbauen, die ihr sowohl bei der Verbesserung ihrer türkischen Sprachkenntnisse helfen als auch bei dem Erlernen eines kleinen deutschen Wortschatzes.

Anfangs bekommt Eme für ihre Arbeit monatlich 500 DM. Dieses Geld muß sie ganz an ihren Vater abgeben. Wofür er es verwendet – nämlich für Grundstückskäufe in Tunceli –, erfährt sie erst später. Von ihrem Vater erhält sie nur soviel Geld, daß sie sich davon gerade ausreichend in der Kantine ihrer Firma ernähren kann. Darüber hinaus hat sie kein Geld zur Verfügung. Wenn sie einmal ein neues Kleidungsstück braucht, muß sie ihren Vater lange darum bitten. Dann darf sie die Kleidung aber nicht selbst aussuchen, sondern der Vater kauft für sie ein. Eme ist deswegen sehr unglücklich – sie hat nichts für sich selbst –, hat aber andererseits zu viel Angst vor dem Vater, um etwas gegen ihn zu sagen.

Ihr machen aber auch die wenigen modernen Kleidungsstücke zu schaffen, die sie trägt, unter anderem ein kurzer Rock und ein T-Shirt, die ihr der Onkel in Tunceli für die Bundesrepublik gekauft hat. Sie schämt sich in diesen Kleidern und braucht lange Zeit, bis sie sich daran gewöhnt hat und sie schließlich auch »schön« findet.

Probleme hat Eme mit dem naßkalten Wetter in der Bundesrepublik. Sie friert oft und bekommt häufig Erkältungen und Schnupfen. Ihr Vater rät ihr, sich wärmer anzuziehen, was sie dann auch macht.

Eme arbeitet in diesem Betrieb etwa sechs Jahre lang als Näherin. Nach einigen Jahren wird sie auf den Platz einer Akkordarbeiterin umgesetzt und wird 1979 auf 1 250 DM Lohn kommen.

Anfang 1975 ziehen ihr Vater und Ousso in Mannheim in eine Zwei-Zimmer-Wohnung um, so daß Eme ihren Platz im Arbeiterwohnheim aufgeben und bei den beiden wohnen kann. Sie teilt sich dort mit ihrem Bruder Ousso ein Zimmer. Eme kocht für sie – sie essen vorwiegend kurdisch oder türkisch – und wäscht all ihre Wäsche von Hand. Die Arbeiten fallen ihr manchmal schwer, weil wochentags viel Zeit dadurch verloren geht, daß sie mit einem Bus zur Arbeit fahren muß.

Anfang 1975 beginnen Ousso und der Vater Eme zu bedrängen, sie solle sich endlich verloben, »damit ihr in Deutschland nichts passiert«. Beide glauben nämlich, daß sie Kontakt zu Männern bekommen könnte, was mit der Familienehre unvereinbar wäre. Ihr Bruder und ihr Vater haben ihr auch schon einen Mann »ausgesucht«. Es ist ein kurdischer Verwandter der Familie, der in Tunceli wohnt und an Eme Interesse hat. Sie kennt aber diesen Mann nicht und will sich auch nicht mit ihm verloben. Als sie jedoch monatelang von beiden beredet wird, gibt sie schließlich deren Willen nach und fährt zu diesem Zweck gemeinsam mit ihnen im Sommerurlaub 1975 nach Tunceli. Dort wird Eme mit diesem Mann formlos in der Familie verlobt.

Als sie anschließend zu dritt wieder nach Mannheim kommen, bricht ein neuer Konflikt aus. Eme bekommt von Ousso mit, daß er sich weigert, dem Vater weiterhin seinen Lohn abzugeben, weil er eine eigene Familie gründen will. Da sie selbst bis dahin ihren ganzen Lohn dem Vater geben mußte, aber im Gegensatz zu ihrem Bruder keinerlei Taschengeld bekam, schließt sie sich ihrem Bruder an. Sie will nach zwei Jahren Fabrikarbeit endlich über ihr Geld verfügen und sich etwas kaufen dürfen. Im übrigen haben beide Kinder den Eindruck, daß der Vater sehr unklug mit dem Geld umgeht, weil er viele unnötige Gegenstände anschafft, die er für Notzeiten nach Tunceli bringen will.

Die Reaktion des Vaters auf Emes Entscheidung ist scharf. Sie wird von ihm angeschrien: »Du bist nicht mehr meine Tochter!« In der folgenden Zeit wird sie oft von ihm geschlagen. Obwohl dadurch bei Eme wieder alte Ängste ihrem Vater gegenüber aufbrechen, bleibt sie bei ihrem Vorhaben. Sie schickt nun alle paar Monate von sich aus direkt an ihre Mutter etwas von ihrem Geld, damit sich diese besser in Tunceli ernähren kann.

Wenig später, es ist Frühjahr 1976, versucht Eme, mit ihrem Vater und ihrem Bruder noch einmal über ihre Verlobung zu sprechen. Sie will diese auflösen, weil sie den kurdischen Mann in Tunceli gar nicht liebt und ihn auch nicht heiraten will. Als ihr Vater und Ousso das hören, werden sie sehr wütend. Sie beschimpfen Eme sehr heftig und beschuldigen sie der Untreue. Außerdem wird sie von beiden von nun an tagtäglich geschlagen, sobald sie von der Arbeit nach Hause kommt. Eme kann diesen Druck nicht lange aushalten. Mit der Bitte, sie nicht mehr zu schlagen, verspricht sie beiden, ihren Vetter zu heiraten.

Die Heirat wird daraufhin für den Sommerurlaub des gleichen Jahres festgelegt. Kurz vor der Abreise bemerkt Eme, wie ihr Vater ihren türkischen Paß versteckt, damit sie nicht fortlaufen kann. Dazu hat sie aber gar keine Kraft mehr. Der Vater und sie brechen dann wenig später zur Reise nach Tunceli auf, vor der sie soviel Angst hat. Zunächst fahren sie mit dem Zug nach Istanbul, wo sie für einige Tage einen Zwischenaufenthalt einlegen, um Verwandte zu besuchen. Dort trifft Eme zufällig einen kurdischen Mann, den sie noch aus Kortu kennt und der mit ihrer Familie verwandt ist. Sie mag ihn und vertraut ihm. In einem Augenblick, als sie beide allein sind, erzählt sie ihm, daß sie gegen ihren Willen in einigen Tagen mit einem Mann aus Tunceli verheiratet werden soll. Danach fragt sie ihn ziemlich überstürzt, ob er sie denn nicht heiraten wolle, weil sie weiß, daß er noch ledig ist. Dieser stimmt ebenso rasch zu, und sie vereinbaren, daß er sie bei einer weiteren Zwischenstation auf der Fahrt nach Tunceli entführen soll.

In der Stadt Kayseri müssen Vater und Tochter umsteigen. Als sie dort mit dem Bus ankommen, mietet der Vater ein Hotelzimmer für die Nacht. Emes Bekannter ist mittlerweile mit einem anderen Bus aus Istanbul nachgekommen, und beide treffen sich in den frühen Abendstunden, ohne daß der Vater etwas erfährt. Um keinen Verdacht zu erregen, läßt Eme alle ihre Sachen im Hotelzimmer zurück und fährt mit ihrem Freund sofort wieder nach Istanbul. Kurz danach heiraten sie auf dem Standesamt der Stadt.

Eme bleibt noch 14 Tage in Istanbul, wobei sie allerdings nur wenig mit ihrem Ehemann zusammenkommt, weil er viel arbeiten muß. Dann muß sie in die Bundesrepublik zurückkehren, weil ihre Urlaubszeit zu Ende geht. Sie versprechen, sich oft zu schreiben. Eme will ihn im kommenden Jahr besuchen. Bis dahin will sie auch klären, ob er in Mannheim eine Arbeit bekommen kann.

Zwei Wochen nach Eme trifft ihr Vater in Begleitung von Durso in Mannheim ein. Eme hat in den Augen ihrer Familie ein schweres Vergehen gegen die Tradition begangen und wird nun von ihren Brüdern und ihrem Vater durch Nichtbeachtung und Verachtung bestraft. Sie darf jetzt nicht mehr geschlagen werden, weil sie unter dem Schutz ihres Mannes steht.

Als ihr Vater nach ihrer Flucht alleine nach Tunceli gekommen war, hatte er der Mutter Sahhe erzählt: »Unsere Tochter hat einen Unfall gehabt. Sie ist für uns gestorben ...« Und so wird Eme jetzt auch behandelt. Niemand aus der Familie will mehr mit ihr reden, und wenn, dann bekommt sie nur Vorwürfe zu hören: die ganze Familie Özgan sei in Verruf gekommen und ihre Ehre sei verletzt worden. Eme schämt sich sehr. Außerdem wissen auch die deutschen Nachbarn im Haus von der Angelegenheit. Eme fühlt sich in dieser Zeit sehr allein. Sie erhält auch keine Hilfe von ihrem Onkel, der in

Schweinfurt arbeitet, weil er nicht den Zorn der Familie auf sich ziehen will. Den einzigen Kontakt, den Eme noch besitzt, ist der zu ihren Arbeitskolleginnen.

Später bessert sich ihr Verhältnis zum Bruder Durso und zu ihrer Mutter, die 1979 in die Bundesrepublik gekommen ist, wieder. Beide vergessen die »Schande«, die ihnen Eme bereitet hat. Ihr Kontakt zu Ousso und dem Vater ist bis heute unvermindert gespannt.

1977 verbringt Eme den ersten Urlaub ohne ihre Familie in der Türkei. Sie besucht für einen Monat ihren Mann in Istanbul. Sie erzählt ihm von den Auseinandersetzungen in ihrer Familie, daß sie aus der väterlichen Wohnung ausziehen will, wenn er in die Bundesrepublik gekommen ist, um die Spannungen nicht noch zu vergrößern.

Ein Jahr später, 1978, kommt ihr Mann im Rahmen des »gesetzlichen Nachzugs von Ehepartnern« zu Eme nach Mannheim. Sie hat inzwischen eine Ein-Zimmer-Wohnung mit Küche und Toilette in der Stadt gefunden, in die sie nun beide einziehen. Die gesetzlichen Bestimmungen haben sich allerdings mittlerweile geändert, so daß ihr Mann zwei Jahre lang auf eine Arbeitserlaubnis warten muß. Da aber Eme wegen verschiedener zusätzlicher Anschaffungen für den neuen Haushalt nicht für beide aufkommen kann, ist ihr Mann gezwungen, schwarz zu arbeiten. Er wechselt dreimal die Arbeitsstelle, weil ihm die Ausländerbehörde auf die Spur gekommen ist.

Acht Monate nachdem Eme und ihr Mann in eine eigene Wohnung gezogen sind, müssen sie diese wieder aufgeben, weil es eine Kellerwohnung ist, die im Winter sehr kalt und naß wird. Beiden bleibt in Ermangelung einer anderen Unterkunft nichts anderes übrig, als in die größere Wohnung ihres Vaters einzuziehen. Dort bleiben sie ein Jahr. Im März 1980 haben beide soviel Geld gespart, daß sie in eine Zwei-Zimmer-Wohnung am Stadtrand umziehen können. Außerdem nehmen sie einen Kredit auf, von dem sie sich eine moderne Wohnungseinrichtung kaufen.

1979, in dem Jahr, als ihr Mann in einer Gaststätte der Innenstadt zu arbeiten beginnt, wird sie selbst wegen einer schweren Krankheit von ihrer Arbeit beurlaubt. Sie leidet seit Jahren unter starken Rükkenschmerzen, die durch ihre sitzende Tätigkeit als Näherin verursacht werden. Nach einigen Wochen Krankschreibung wird sie von ihrer Firma entlassen. Eme ist mit der Kündigung einverstanden, weil sie von ihrem Arzt erfahren hat, daß sie diese sitzende Tätigkeit nie mehr ausüben darf, um nicht einen bleibenden Gesundheitsschaden zurückzubehalten. Danach ist sie ein Jahr arbeitslos.

Seitdem Emes Mann in der Gastwirtschaft beschäftigt ist, häufen sich die Schwierigkeiten in ihrer Ehe. Ihr Mann kommt durch seine Arbeit viel mit deutschen Frauen zusammen, mit denen er oft nächtelang wegbleibt. Überhaupt kommt er nur selten nach Hause, trinkt sehr viel und gibt viel Geld aus. Wenn sich Eme darüber beklagt, wird sie von ihm häufig beschimpft und geschlagen. Sie ist in dieser Zeit ohnehin durch Rückenschmerzen und Arbeitslosigkeit belastet und wird nun noch durch das Verhalten ihres Mannes nervlich fertiggemacht. Als einzige Hilfe hofft sie auf die Unterstützung durch ihre Mutter. Eme besucht sie deswegen in der Wohnung ihres Vaters und erzählt ihr über ihre Eheprobleme. Die Mutter war aber schon früher gegen diese Heirat ihrer Tochter, weil sie wußte, daß ihr Mann viel trank, und rät ihr nun aufgrund eigener Erfahrungen: »Bleib ruhig, wenn er dich schlägt. Das ist normal, das passiert überall.«

Eme ist verzweifelt und fühlt sich wieder allein gelassen. Auf Anraten eines Arztes geht sie zunächst in eine zweiwöchige Kur in einer anderen Stadt, bei der sie versucht, alles zu vergessen. Nach ihrer Rückkehr beginnt sie Anfang 1980, in der Küche der Gaststätte zu arbeiten, die bereits ihren Mann im Ausschank beschäftigt. Sie macht dies auch, um mehr von ihrem Mann zu haben und ihn von »schlechten Dingen« fernzuhalten. »Seit dieser Zeit«, sagt Eme, »ist es in unserer Ehe etwas besser geworden.« (Eme 1981: »Man kann auch nicht alles darüber erzählen.«) Bis heute kann sie aber über diese Probleme nicht mit ihrem Mann sprechen, weil er sie dann anschreit.

Emes heutiges Leben spielt sich nach der Arbeit in ihrer Wohnung ab. Ihr Mann geht mit ihr nur selten aus, was ihr fehlt. Wenn sie dagegen selbst mit einigen Freundinnen - ehemaligen Arbeitskolleginnen - spazieren oder schwimmen gehen will, schimpft ihr Mann sie regelmäßig aus, und sie gibt ihm nach. Sie glaubt, daß ihr Mann sehr eifersüchtig ist, obwohl er dafür keinen Grund hat. Manchmal besucht sie jedoch ihre Familie in der Innenstadt und unternimmt irgend etwas mit ihren jüngeren Geschwistern. Zu Hause sieht sie viel fern, hört gerne westliche Musik und liest einige deutsche Zeitschriften. Um Politik kümmert sie sich dagegen nicht, weil sie zuviel mit ihren eigenen Problemen beschäftigt ist.

Obwohl sie wie ihr Mann täglich neun Stunden arbeitet, muß sie alleine die ganze Hausarbeit machen. Dazu gehört unter anderem das Waschen - sie hat von ihrem eigenen Geld eine Waschmaschine gekauft - und das Kochen. Hierbei hat sie sich angewöhnt, nur noch tiefgefrorene Schnellgerichte zuzubereiten, damit sie nach ihrer Arbeit nicht so belastet ist. Ihr Mann schimpft zwar deswegen öfters, weil er auch gerne kurdische oder türkische Gerichte ißt. Er hat aber mittlerweile auch an der westlichen Nahrung Gefallen gefunden.

Eme ist heute stolz darauf, sehr moderne westliche Kleidung zu tragen. Ihr gefällt es, wenn sie sich ein wenig »hübsch machen« kann. Manchmal trägt sie zu Hause am Abend auch noch ihre alte Pyjamahose, die sie wegen der schönen Farben an die Zeit in Kortu erinnert.

Mit ihrem Mann und ihrer Familie spricht sie nur kurdisch und türkisch, weil er zu wenig Deutsch kann. Ihre Deutschkenntnisse sind dagegen aufgrund ihrer langen Erwerbstätigkeit sehr gut geworden, und sie spricht gerne diese Sprache. Traurig findet sie es nur, daß sie zu wenig Möglichkeiten hat, um sie auch anzuwenden.

Bei einem Thema hat Eme Schwierigkeiten, zu erzählen, weil sie sich schämt: das ist die Sexualität. Darüber hat sie erstmals einiges von ihren deutschen und türkischen Arbeitskolleginnen erfahren und hat später heimlich Bücher gelesen, weil sie ja nie aufgeklärt wurde. Doch um Verhütungsmittel muß sie sich selbst kümmern, denn ihr Ehemann würde ohnehin keine benutzen.

Eme träumt sehr viel von ihrer Heimat und ihrem Dorf. Sie muß dabei oft schreien und weinen. Gleichzeitig hat sie bis heute Angstträume von ihrem Vater, bei denen sie wieder erlebt, wie ihr Vater sie in der Anfangszeit in der Bundesrepublik keine eigenen Kleider kaufen läßt und sie dazu zwingt, deutsches Schwarzbrot zu essen. Ebenso beschäftigt sie der heilige Berg »Düzgün Baba«, an den sie - als einzige in der Familie - noch heute glaubt.

Nachdem sie lange dazu gebraucht hat, sich in der fremden Umgebung zurechtzufinden und sich ein eigenes Leben einzurichten, will sie nun in der Bundesrepublik bleiben. Sie sagt dazu: »Ich bin anders geworden im Westen.« Sie besitzt mehr Freiheiten als Frau, hat eine selbständige Arbeit und einen gewissen Lebensstandard erreicht - Dinge, die sie nicht mehr aufgeben will. Außerdem gefällt ihr die deutsche Mentalität. Sie hat zum Beispiel mit deutschen Männern die Erfahrung gemacht, daß sie mit ihnen über alles - auch über Frauenprobleme - sprechen kann, was mit kurdischen Männern undenkbar wäre. Sehr gut findet sie auch, daß deutsche Frauen ihr eigenes Geld verdienen, dabei aber nicht soviel arbeiten müssen wie kurdische. Nach ihrer Beobachtung kleiden sie sich gut und machen vieles mit ihren Männern zusammen, was sie sich für ihre eigene Ehe ebenfalls wünscht. Negativ fällt ihr dagegen auf, daß deutsche Frauen bei weitem nicht so hilfsbereit sind wie etwa kurdische Frauen.

Eme sieht ihre Zukunft in der Bundesrepublik und nicht in der Türkei. Dort ist ihr alles fremd geworden, und sie kennt niemanden mehr. Das Wichtigste sind für sie die Freiheiten, die sie hier hat. Aus diesem Grund will sie auch keine Kinder bekommen, abgesehen davon, daß sie befürchtet, sich dadurch enger an ihren Mann zu binden.

Auch wenn ihr Ehemann zurück in die Türkei gehen wird, will Eme hier bleiben. Angst hat sie lediglich vor der deutschen Ausländerpolitik, die ihre Pläne zerstören könnte.

Durso wird Student

Nachdem sich Durso im Sommer 1976 in Istanbul vergeblich um einen Studienplatz in naturwissenschaftlichen Fächern bemüht hatte, schreibt er seinem Vater nach Mannheim, er solle ihn nachholen, weil er auf einen Studienplatz in der Bundesrepublik hoffe. Der Vater unterstützt ihn in diesem Plan, da er stolz ist beim Gedanken daran, daß sein Sohn »etwas Besseres« werden will. Durso läßt sich in Tunceli einen Paß ausstellen und fährt dann gemeinsam mit seinem Vater, der hier seinen Urlaub verbringt, im Oktober 1976 in die Bundesrepublik. Durso ist offiziell 17 Jahre alt und reist als Tourist ein.

Bei der Bahnfahrt nach Mannheim fällt ihm das erste Fremdartige dieses Landes auf. Als er aus dem Abteilfenster blickt, sieht er viele Wälder, die er aus Kurdistan gar nicht kennt. Im Zug selbst hört er, daß sich die Leute hier laut schneuzen. Das empfindet er als peinlich, weil er gelernt hat, dies sei sehr unhöflich.

Zunächst wohnt Durso bei seinem Vater in Mannheim. Der hat sich bereits unter türkischen Kollegen umgehört und erfahren, daß sein Sohn einen Deutsch-Sprachkurs belegen muß, bevor er mit dem Studium beginnen kann. Da es aber seines Wissens keine Sprachschule in Mannheim gibt, fahren beide nach Frankfurt und melden Durso bei der Eurosprachschule an.

Den Deutsch-Kurs besucht Durso acht Monate lang. Da sein Vater nicht genug Geld hat, um ihm ein Zimmer in Frankfurt zu bezahlen, fährt er täglich fast 90 Kilometer zwischen beiden Städten hin und her. Als sein Touristenvisum abgelaufen ist, erhält er eine Aufenthaltserlaubnis zu Studienzwecken.

Noch während seines Sprachkurses läßt sich Durso von seinen Lehrern über den weiteren Weg informieren, wie er einen Studienplatz bekommt. Er erfährt, daß er als Ausländer eine »Feststellungsprüfung« machen muß und sich nach Bestehen direkt an den Universitäten bewerben kann. Andernfalls muß er vorher ein Studienkolleg besuchen.

Um möglichst schnell sein Studium anfangen zu können, entschließt er sich für den ersten Weg. Als er im Juni 1977 den Sprachkurs abgeschlossen hat, meldet er sich für den nächsten Monat zur Feststellungsprüfung an und bereitet sich in der Zwischenzeit intensiv auf sie vor. Zu diesem Zweck richtet er sich auf dem Dachboden des Hauses, in dem sein Vater wohnt, eine kleine Kammer ein, damit er beim Lernen nicht von seiner Familie gestört wird.

Durso besteht die Prüfung nicht, weil die Anforderungen an seine Deutschkenntnisse und sein Fachwissen zu hoch sind. Er bereitet sich nun auf die Aufnahmeprüfung zum Studienkolleg vor und besteht diese im September des Jahres in Frankfurt. Diesmal bittet Durso seinen Vater, ihm in Frankfurt ein Zimmer zu bezahlen. Der Vater akzeptiert das, obwohl ihm deswegen Geld für die Ernährung seiner Familie fehlt.

Im Anschluß an das sechsmonatige Studienkolleg meldet sich Durso zum zweiten Mal zur Feststellungsprüfung und besteht sie im Mai 1978. Nun bewirbt er sich für das Wintersemester 1978/79 in Mainz um einen Studienplatz in Chemie. Es ist ein Fach, für das er sich bereits in der Türkei interessiert hat. In den Monaten bis zu seiner Zulassung macht er verschiedene Gelegenheitsarbeiten in Mannheim. Unter anderem arbeitet er auf einem Festplatz und gibt seinen Verdienst an seinen Vater ab.

Nachdem er einen positiven Bescheid von der Universität Mainz erhalten hat, fährt er dorthin und macht sich zunächst auf Wohnungssuche. Er kann jedoch kein Zimmer finden und wohnt deswegen während des ganzen ersten Semesters bei einem kurdischen Studenten, den er hier kennengelernt hat. Zum zweiten Semester kann er in ein Zimmer eines Studentenwohnheims einziehen und wohnt dort bis heute.

Im Herbst 1981 ist die Familie auf seine Hilfe angewiesen, als seine Schwester Fate zu ihm geschickt wird, um in Mainz einen Deutschkurs zu besuchen. Er ist gerade mit der Vorbereitung auf mehrere Klausuren beschäftigt, während er sich nun um seine Schwester kümmern muß. Zunächst setzt er gegenüber seinem Vater durch, daß sie alleine wohnen darf. Er weiß auch, daß dies gegen die Tradition verstößt, weil Fate ein Mädchen ist. Ihm bleibt jedoch nichts anderes übrig, weil er sein elf Quadratmeter großes Zimmer für sich braucht, um ungestört arbeiten zu können. Dann muß er sie beim Sprachkurs anmelden und für sie eine Unterkunft suchen. Diese findet er auch einige Wochen später bei einem älteren deutschen Ehepaar, das ein Zimmer vermietet. Das größte Problem ist für ihn aber nach wie vor, daß seine Schwester die meiste Zeit unbeaufsichtigt ist. Jetzt, wo sie nicht mehr in Mannheim wohnt, sondern hier in der fremden Stadt lebt, fällt ihm als Bruder eigentlich die Aufgabe zu, auf seine Schwester aufzupassen, »damit ihr nichts passiert«. Wegen seiner vielen Arbeit hat er dazu allerdings kaum Gelegenheit. Deshalb ist er dazu übergegangen, sie zumindest alle ein bis zwei Tage einmal ins Studentenheim kommen zu lassen und mit ihr zu sprechen. Hierbei sagt er oft, sie dürfe nicht ohne ihn irgendwo hingehen, zum Beispiel in die Buchläden oder in das kurdische und türkische Kulturzentrum am Ort. Für ihn bleibt diese Regelung jedoch immer noch unbefriedigend, weil er dabei Fate nur wenig kontrollieren kann.

Durso hat in der ersten Zeit, als er den Sprachkurs besucht, sehr viele Kontaktschwierigkeiten, wie er sagt. Er fühlt sich durch das »freie Verhalten« seiner Umgebung beengt und trifft sich, wenn überhaupt, nur mit deutschen Männern. Freunde hat er aber nicht. Er versucht dies dadurch auszugleichen, daß er viel liest und Deutsch lernt. Gleichzeitig bemüht er sich, wie ein Deutscher aufzutreten, weil er oft erleben muß, wie ein Ausländer behandelt zu werden. Schwierigkeiten hat er auch mit dem Wetter. Er ist oft erkältet, und sein Vater gibt ihm deswegen Tabletten.

Am Anfang seines Studiums stellt er zunächst fest, daß ihm sehr viel Grundwissen aus der Türkei fehlt, obwohl er wie alle deutschen

Studenten Abitur gemacht hat. In den ersten Semestern muß er einiges nachholen und darüber hinaus die vielen Fremdwörter lernen, die in den Seminaren auftauchen. Der Studieninhalt selbst aber ist schon so umfangreich und wird so oft durch Klausuren abgefragt, daß Durso ständig mit Lesen und Auswendiglernen beschäftigt ist. Dabei macht ihm die deutsche Sprache heute keine Probleme mehr.

Durso leidet unter diesem Leistungsdruck sehr, weil er dadurch kaum Freizeit hat und sich nicht um Politik kümmern kann, »wie es eigentlich notwendig wäre«. Manchmal macht er dies jedoch trotzdem und nimmt dafür auch schlechte Klausurnoten in Kauf.

Bei vielen deutschen Studenten kritisiert er, daß sie nur wenig Solidarität untereinander aufbringen, unterwürfig sind und sich zu »Faschisten« erziehen lassen. Die meisten von ihnen beschäftigten sich nicht mit der Politik ihres Landes und der der Dritten Welt und seien politisch konservativ eingestellt.

Während seines Studiums bekommt Durso zunächst etwa 700 DM BAföG. Dieses Geld muß auf das Konto seines Vaters in Mannheim überweisen lassen, damit dieser einen Teil einbehalten kann. Erst dann schickt ihm der Vater etwa 500 DM nach Mainz. Im letzten Semester wird Durso jedoch sein BAföG gestrichen, weil er einige Klausuren für die Zwischenprüfung nicht bestanden hat. Durso macht sich deswegen große Vorwürfe, weil ihm der Vater in der Zeit seinen Unterhalt bezahlt, gleichzeitig aber weniger Geld für seine Mutter und Geschwister zur Verfügung hat. Er muß sich aber ohnehin immer finanziell einschränken, weil er sich oft sehr teure Fachliteratur kaufen muß. Häufig hat er deswegen auch wenig zu essen.

In seiner Freizeit hat Durso eine internationale Folkloregruppe unter Studenten aufgebaut, in der unter anderem kurdische Tänze aufgeführt werden. Außerdem spielt er einige Musikinstrumente, hört sich Musik an und liest linke Literatur in Deutsch und Türkisch. Seinen Freundeskreis hat er auf einige wenige fortschrittliche Studenten beschränkt, weil er mit den anderen nichts anfangen kann. Mit diesen Freunden spricht er dann sowohl über Privates als auch über Politik.

Im Gegensatz zu seiner ersten Zeit in der Bundesrepublik hat er heute viel mehr Kontakt zu deutschen Frauen. Mit einigen von ihnen hat er regelmäßig sexuellen Kontakt, wobei er sich darum bemüht, daraus keine festen Freundschaften werden zu lassen. Durso will noch »unabhängig« bleiben. Dabei hilft es ihm, daß er mit einigen verheirateten deutschen Frauen zusammen ist.

Es passiert ihm häufig, daß er von deutschen Frauen »angemacht« wird. Auch wenn er dann mit ihnen schläft, weiß er nicht, wie er über sie denken soll. »Normalerweise«, sagt er, »spielen nämlich Männer die aktivere und stärkere Rolle in der Sexualität.« Er glaubt aber, diese Ansprüche der Frauen nicht ablehnen zu können, weil er sich sonst als Mann nicht ernst genommen fühlt. Von seiner Tradition her hinterlassen diese Frauen allerdings bei ihm einen »schlechten Eindruck«.

Seine eigenen Erfahrungen würde Durso seiner Schwester nicht erlauben – »für sie ist das nach der Tradition streng verboten«. Er glaubt, daß dies für Deutsche nur schwer zu verstehen ist, sieht aber genauso die Widersprüchlichkeit dieser Normen. In einigen Bereichen stellt er jedoch auch Veränderungen fest. So hat seine Familie zum Beispiel erlaubt, daß Fate mehr oder weniger allein in Mainz lebt, was in Kurdistan noch undenkbar gewesen wäre.

Zu seiner Familie in Mannheim hat er recht wenig Kontakt, weil er viel für das Studium lernen muß und die Bahnfahrten Geld kosten. So fährt er nur selten während des Semesters oder in den Ferien nach Hause und bekommt umgekehrt von ihnen nur wenig Besuch. Durso vermißt zwar, daß er so wenig von seinen Eltern und Geschwistern mitbekommt, er hat sich aber an dieses Leben gewöhnt und genießt seine Selbständigkeit. Dazu gehört auch, daß er sich als Mann um das Kochen und Waschen selbst kümmert.

Durso ist heute stolz darauf, ein Kurde und ein Ausländer zu sein. Dies hängt eng mit seiner politisch linken Betätigung zusammen, die er in seiner Schulzeit in Tunceli begonnen und – nach einer anfänglichen Pause in der Bundesrepublik – hier wieder aufgenommen hat. Daß er sich heute nur eingeschränkt engagieren kann, liegt seiner Meinung nach zu gleichen Teilen an den Studienbedingungen wie an der deutschen Ausländerpolitik. Die extremen Erfahrungen, die er in seinem Leben gemacht hat – in Kurdistan den Hunger und die Armut, hier aber, daß Deutsche sich in ihrem Wohlstand mehr um ihre Hunde kümmern als um ihre Kinder –, haben ihn veranlaßt, nach politischen Ursachen zu fragen, und bei ihm zu einer massiven Gesellschaftskritik geführt.

Durso sieht seine Zukunft in Kurdistan. Wenn er sein Studium abgeschlossen hat, will er dorthin zurückkehren. Er weiß aber auch, daß dies mit vielen Schwierigkeiten verbunden ist. Die Türkei ist heute eine Militärdiktatur und ein unterentwickeltes Land, in dem er mit seiner Ausbildung nur schwer eine Arbeit finden wird.

Sahhe fehlt fast alles Vertraute

Als im Frühjahr 1979 die Abreise der Mutter Sahhe aus Tunceli bevorsteht, hat sie ein sehr zwiespältiges Gefühl. Sie hängt sehr an ihren Kindern und ist nun traurig, vier von ihnen in der Stadt zurücklassen zu müssen; andererseits will sie endlich zu ihren älteren Kindern in die Bundesrepublik, um sie zu versorgen. Sie sagt: »Es ist nicht gut, wenn so lange niemand für sie kocht und wäscht.« Es beruhigt sie, daß sie von ihrem Mann erfahren hat, daß er Alo, Fate, Asme und Hene bald nachholen wird. Inzwischen werden sie weiter im Haus der Familie in Tunceli wohnen bleiben. Sowohl die Tante und der Onkel wie auch Alo und Fate werden auf die »Jüngsten« aufpassen.

Für ihre Reise muß sich Sahhe einen türkischen Paß ausstellen lassen. Sie erfährt dabei, daß man ein Foto von sich machen lassen muß. Sie schämt sich davor sehr und kauft sich extra zu diesem Zweck ein langes schwarzes Kleid mit Kopfschleier, »damit man von ihr nicht soviel sehen kann«. Schwierigkeiten macht aber auch etwas anderes. Da sie nie schreiben gelernt hat, nun aber zum ersten Mal in ihrem Leben eine Unterschrift leisten muß, haben ihr ihre Kinder beigebracht, wie sie zumindest zwei türkische Buchstaben malen kann: das »Ş« für Şahhanım, den türkischen Vornamen, den sie erhält, und das »Ö« für Özgan. Als alle Formalitäten abgeschlossen sind, fährt sie im Februar 1979 nach Istanbul. Bei der Busfahrt, den Zwischenaufenthalten und in der Großstadt hat sie ständig große Angst, sich zu verirren. Sie fühlt sich hilflos, weil sie nur wenige Wörter Türkisch spricht und sich damit nicht verständigen kann. Außerdem ist ihr das Leben in dieser westtürkischen Großstadt völlig fremd.

In Istanbul wohnt sie einige Tage bei Verwandten, bevor diese sie schließlich zum Flughafen bringen. Vorher hat ihr Mann mit ihr ausgemacht, daß sie mit dem Flugzeug kommen soll, weil dies für sie am einfachsten ist, und daß er sie am Flughafen in Frankfurt abholen wird. Sahhe hat trotzdem Angst vor dem Fliegen und vor dem, was sie in der Bundesrepublik alles erwarten wird. Mit 48 Jahren ist dies für sie die erste Fahrt ins Ausland.

In Frankfurt wird sie von ihrem Mann erwartet, und sie fahren zusammen nach Mannheim. Zu einem ihrer ersten Eindrücke in diesem Land zählt dabei eine Beobachtung, die sie sehr beschämt. Sie sieht, wie sich deutsche Männer und Frauen auf der Straße küssen. In ihrer Heimat ist dies streng verboten.

Sahhe hält sich in den ersten Monaten nur in der Wohnung auf. Sie hat Angst, das Haus zu verlassen, und will sich zunächst nur an diese neue Umgebung gewöhnen. Sie fühlt sich ohnehin sehr einsam, obwohl ihre älteren Kinder bei ihr sind, da ihr fast alles Vertraute fehlt. Sahhe sagt: »In dieser Zeit habe ich viel warten müssen. Ich habe ständig auf die Uhr geschaut und darauf gewartet, daß mein Mann endlich von der Arbeit nach Hause kommt.«

Alo muß die vierte Fremdsprache lernen

Im Sommer 1979 fliegen Alo und seine beiden Schwestern Asme und Hene von Istanbul aus in die Bundesrepublik. Sie werden von ihrem älteren Bruder Ousso begleitet, der mit seiner Familie einen Urlaub in Tunceli verbracht hat. Sie fahren zusammen nach Mannheim, und Ousso bringt sie dort in die Wohnung der Eltern. Nach dem Ausländergesetz sind sie im Rahmen des Familiennachzuges hierher gekommen, wobei der Vater für Alo eine Aufenthaltsgenehmigung beantragen muß, weil er nach seinem Paß bereits 16 ist.

Alo verbringt den ersten Monat fast nur zu Hause. Sein Bruder Durso ist aus Mainz gekommen, um ihm zunächst etwas Deutsch beizubringen, da der Vater zu dieser Zeit kein Geld hat, um Alo einen Sprachkurs zu bezahlen. Sein Bruder glaubt, daß es für Alo am besten ist, wenn er Ingenieur wird. Er hatte nämlich in Tunceli bereits das berufliche Gymnasium im Bereich Heizungstechnik besucht, und deshalb meldet Durso ihn in der Berufsschule an. Alo verläßt sich ganz auf seinen älteren Bruder, der als einziger der Familie davon etwas versteht, und geht nun in die neunte Klasse der Berufsschule

(Berufsgrundbildungsjahr im Bereich Metall). Er versteht jedoch überhaupt nichts vom Unterricht, und die Lehrer rufen ihn deshalb gar nicht erst auf. In seiner Klasse ist er der einzige Ausländer und bleibt während eines großen Teils des Unterrichts sich selbst überlassen.

In dieser Zeit findet Alo ausreichend Gelegenheit, alles Fremdartige um sich herum wahrzunehmen. Da ist zunächst einmal, daß jeder Schüler einen Stuhl und eine Schreibbank zur Verfügung hat und daß alle außerdem eigene Schultaschen und eigenes Schreibmaterial besitzen. Soweit er es ohne Sprachkenntnisse feststellen kann, verhalten sich die Schüler dem Lehrer gegenüber sehr frei und lachen auch manchmal miteinander, was ihn sehr verwundert. Weiterhin fällt ihm auf, daß seine Mitschüler viel älter sind als er, daß es anscheinend keine Unterschiede zwischen Jungen und Mädchen gibt und daß einige von ihnen bereits verheiratet sind. Erstaunt ist Alo auch, daß einige seiner Mitschüler mit einem eigenen Auto in die Schule kommen.

Einige der anderen Schüler versuchen ihm zu helfen. Sie sprechen ihn in der Pause an und bieten ihm eine Zigarette an. Diese Kontakte sind allerdings beschränkt, weil Alo nur ein paar Wörter Deutsch versteht.

Nach drei Monaten entschließt sich Alo deshalb, die Schule vorerst abzubrechen, und bittet seinen Vater, ihm einen Deutschkurs zu bezahlen. Sein Vater leiht sich zu diesem Zweck Geld von einem Verwandten in Mannheim und schickt Alo nach Mainz. Dort wohnt er bei seinem Bruder Durso und besucht für zwei Monate einen Intensivkurs. Für mehr reicht das Geld des Vaters nicht aus. Im Januar 1980 kehrt Alo wieder nach Mannheim zurück und bleibt bis zum Beginn des neuen Schuljahres erst mal zu Hause.

Er versteht nun mehr von Unterricht, muß aber noch viel Deutsch lernen. Es machen ihm vor allem die Fremdwörter zu schaffen. Außerdem merkt er, daß ihm viel Fachwissen aus seiner Schulzeit in Tunceli fehlt, das er sich nun neben dem üblichen Unterrichtsstoff aneignen muß. Das führt dazu, daß er bis spät abends lernen muß. Dabei ist er dazu übergegangen, viele Dinge, die er nicht versteht, einfach auswendig zu lernen. Niemand in seiner Familie kann ihm bei den Aufgaben helfen. Alo gewinnt den Eindruck, daß seine Zeit in der Bundesrepublik nur aus Lernen besteht.

Einige Hilfe erhält Alo von seinen Klassenkameraden. Mit vielen von ihnen versteht er sich jedoch überhaupt nicht, weil sie sich nicht für Politik interessieren und nur »an Geld, Mädchen und Diskotheken« denken. Schwierigkeiten hat er auch mit dem, was im Fach Sozialkunde und Geschichte gelehrt wird. Er glaubt, daß die deutschen Schulen zu wenig zur Kritikfähigkeit - auch gegenüber dem Staat - erziehen, daß keine Konsequenzen aus dem Faschismus gezogen werden und daß das Verhältnis zur Dritten Welt, aus der er kommt, zu wenig überdacht wird. Eher mit Interesse verfolgt er den Religionsunterricht, an dem er teilnehmen muß. Hier lernt er einiges über die Religion der Deutschen. Er selbst versteht sich im übrigen als nicht religiös.

Im Sommer 1981 schafft Alo die neunte Klasse nur knapp. Nachdem er sich eingehend auf die Abschlußprüfung vorbereitet hat, erhält er im Abgangszeugnis gute Noten. Nur die deutsche Rechtschreibung bereitet ihm noch große Schwierigkeiten.

Eigentlich wollte Alo eine Lehre als Zeitungsdrucker machen, entschließt sich aber nun für das Wirtschaftsgymnasium. Die Anforderungen, die dort gestellt werden, sind allerdings sehr hoch. Bis heute muß Alo viel Zeit auf das Lernen verwenden. So ist zum Beispiel das Fach Französisch hinzugekommen, für ihn bereits die vierte Fremdsprache, nach Türkisch die dritte, die er in der Bundesrepublik lernen muß.

Asme und Hene besuchen Vorbereitungsklassen

Als Asme und Hene nach Mannheim kommen, sind sie offiziell dreizehn und zehn Jahre alt. In den ersten Wochen halten sie sich ebenfalls nur im Haus auf und nehmen an dem Deutschunterricht teil, den ihr Bruder Durso gibt. Er ist es auch, der sie im Oktober 1979 für die türkische Vorbereitungsklasse in der Stadt anmeldet.

Beide besuchen gemeinsam die erste Vorbereitungsklasse und werden von türkischen und deutschen Lehrern unterrichtet. Nach diesem Schuljahr werden sie voneinander getrennt. Hene kommt in die zweite Vorbereitungsklasse und wechselt dann im Schuljahr 1980/81 in die sechste Regelklasse einer deutschen Schule über. Heute besucht sie die neunte Hauptschulklasse. Asme muß dagegen schon nach dem ersten Jahr die Vorbereitungsklasse verlassen, weil sie für einen weiteren Verbleib bereits zu alt ist. Sie wird in die siebte Regelklasse eingeschult und besucht heute das zehnte Schuljahr. Asme und Hene sprechen mittlerweile recht gut Deutsch und können sich gegenseitig bei den Hausaufgaben helfen.

Fate fehlt das Abschlußzeugnis

Fate ist die letzte der Familie, die im Sommer 1980 in die Bundesrepublik nachgeholt wird. Sie ist gleichzeitig die einzige, die gar nicht hierher kommen will. Sie will lieber in Kurdistan bleiben und weiterhin in einer politisch fortschrittlichen kurdischen Fraktion arbeiten. Fate wird jedoch von ihrem Vater dazu gezwungen, weil dieser Angst hat, daß sie in Tunceli in politische Auseinandersetzungen verwickelt werden und ihr dabei etwas zustoßen könnte.

In den ersten Wochen nach ihrer Ankunft lernt sie zunächst etwas Deutsch von ihren Schwestern Asme und Hene. Dann wird sie von ihrem Bruder Alo im Herbst des Jahres als 16jährige für die zweite Vorbereitungsklasse angemeldet. Ihr Vater glaubt, daß sie dort genug Deutsch lernen kann. Er hält es nicht für notwendig, ihr genauso wie seinem Sohn Alo einen zusätzlichen Deutschkurs zu bezahlen. Da sie schon relativ alt für die Vorbereitungsklasse ist, kommt es auch zum Streit zwischen ihrem türkischen Lehrer und dem deutschen Schuldirektor. Der Direktor zwingt jedoch den Lehrer, sie in seinen Unterricht aufzunehmen.

Für Fate ist dieses Schuljahr sehr belastend, weil sie die älteste Schülerin unter sonst elf- bis zwölfjährigen Kindern ist. Sie ist traurig und alleine, da ihre Mitschüler während des Unterrichts spielen, wenn sie über Politik diskutieren will. Deswegen hat sie auch gar kein Interesse, in die Schule zu gehen.

Der Unterricht wird von einem türkischen und einem deutschen Lehrer abgehalten. Die Unterrichtssprache ist je nach Fach verschieden. Wird in der Schule Deutsch gesprochen, hat Fate die meisten Schwierigkeiten, wobei es sie ärgert, daß viele jüngere türkische Mitschülerinnen ihr voraus sind. Dagegen wird auf türkisch Mathematikstoff durchgenommen, den sie bereits vor drei, vier Jahren in Tunceli gelernt hat. Insgesamt hat sie den Eindruck, daß sie bei diesem Unterricht viel zu wenig lernen kann, auch in Deutsch.

Im Klassenzimmer fällt ihr auf, daß vor den Fenstern Gardinen hängen und daß es ein Waschbecken gibt. Genauso kennt sie es nicht aus Kurdistan, daß die Schultafeln mit Wasser abgewischt werden. Unter den Schülern stellt sie fest, daß niemand eine Schuluniform trägt, daß aber dafür viele türkische Mädchen ein Kopftuch aufhaben. Außerdem bemerkt sie mit Verwunderung, daß die türkischen Mädchen nicht am Sport teilnehmen und nicht mit türkischen Jungen im Schulhof zusammen spielen oder sprechen.

Als Fate im Sommer 1981 die Vorbereitungsklasse hinter sich gebracht hat, spricht sie schlecht Deutsch. Sie greift jetzt einen alten Berufswunsch auf: sie will Krankenschwester werden. Sie spricht darüber mit dem älteren Bruder Alo und besucht dann gemeinsam mit ihm das Arbeitsamt. Dort erfahren sie, daß Fate dafür zunächst eine Berufsschule in Mannheim besuchen muß, die über einen sozialen Zweig verfügt. Sie wird dort im Herbst 1981 von Alo für die achte Klasse angemeldet.

Fate beginnt dort mit dem Vorbehalt, daß sie ihr Abschlußzeugnis aus der Mittelschule in Tunceli noch nachreicht. Beim Verlassen der Mittelschule war ihr nämlich noch kein Zeugnis ausgestellt worden, und sie wartet nun darauf, daß ihr dieses von der türkischen Schulbehörde zugeschickt wird. Von dem Unterricht, an dem sie als einzige Ausländerin teilnimmt, bekommt sie nur sehr wenig mit. Hier wird nur Deutsch gesprochen, und sie erhält von niemandem Hilfe. Im Gegensatz zur Vorbereitungsklasse sieht sie hier deutsche Mädchen, die Hosen tragen – was ihr gefällt –, und hört, wie diese viel über Jungen reden – was ihr allerdings nicht gefällt. Außerdem rauchen viele Schüler vor den Lehrern, was in Tunceli verboten war.

Einige Wochen, nachdem Fate in dieser Klasse begonnen hat, erfährt sie von den Eltern, die einen Urlaub in Tunceli gemacht hatten, daß ihr überhaupt kein Abschlußzeugnis ausgestellt werden kann, weil die Zeugnisnote im Fach Mathematik fehlt. Ihr Vater überlegt nun lange, was er machen soll, weil von der Note der weitere Verbleib Fates auf der deutschen Schule abhängt. Schließlich entscheidet er sich, seine Tochter nach Tunceli zu schicken, damit sie die Prüfung machen kann. Er bezahlt die 1 300 DM für Flug und Bahnfahrt, und Fate fährt kurz darauf nach Tunceli. Sie muß dort zwei Wochen lang bleiben, weil die Prüfung mehrmals verschoben wird. Dann schreibt sie die Mathematikarbeit. Fate sagt: »Das war keine richtige

Prüfung, weil der Lehrer allen Schülern half und von einigen auch Bestechungen erhielt.« Sie besteht die »Prüfung«, erhält ein Zeugnis und kehrt unmittelbar darauf nach Mannheim zurück.

Jetzt besucht sie wieder den Schulunterricht, bei dem sie kaum etwas versteht, zumal sie ein paar Wochen Unterricht versäumt hat. Deshalb beschließt sie kurz darauf, die Berufsschule zu verlassen. Ihre Sprachschwierigkeiten sind einfach zu groß. Außerdem stellt sie fest, daß das Zeugnis, das sie aus Tunceli mitgebracht hat, irrtümlich auf einen anderen Schüler ausgestellt worden ist. Zusammen mit Durso sucht sie nun den Direktor der Schule auf. Ihr Bruder erklärt dem Direktor Fates Wunsch und fragt ihn um Rat. Dieser versteht ihre Probleme und befreit sie ein Jahr von der allgemeinen Schulpflicht, der sie unterliegt, jedoch mit der Auflage, daß sie für diese Zeit einen Deutsch-Intensivkurs belegt. Durso sichert dies zu.

Anschließend erzählen beide den Eltern von diesem Gespräch. Der Vater läßt Fate noch einige Wochen in einer Gaststätte in Mannheim arbeiten, damit sie Geld für den Sprachkurs verdienen kann, bevor sie dann endlich nach Mainz geschickt wird. Dort besucht sie einen Sprachkurs, was für den Vater, aber auch für die ganze Familie ein sehr starkes Abweichen von der Tradition bedeutet, das ihnen nicht leicht gefallen ist.

Nach dem Fate den Sprachkurs absolviert hat, besucht sie heute die zehnte Klasse einer Berufsfachschule mit sozialem Zweig in Mannheim.

Die Familie Özgan in Mannheim

Unser Haus in Tunceli ist viel schöner und größer

Die Familie Özgan wohnt in einem alten Mietshaus am Rand der Innenstadt von Mannheim. Mit in diesem Haus leben noch eine griechische und eine deutsche Familie. Ihre eigene Wohnung liegt direkt unter dem Dach und umfaßt etwa 80 Quadratmeter. Es handelt sich um vier Zimmer, einen Flur, eine Küche, einen Vorratsraum, ein Bad und eine Toilette. In der Küche und im Bad gibt es fließend kalt Wasser.

Die Wohnung ist insgesamt in einem schlechten baulichen Zustand, weil der deutsche Vermieter seit Jahren keine Ausbesserungsarbeiten mehr gemacht hat. Die Familie versucht aber mit den wenigen Mitteln, die ihr zur Verfügung stehen, kleinere Reparaturen selbst auszuführen. Sie bessert deswegen auch undichte Stellen am Dach notdürftig aus, damit in den Wintermonaten keine Feuchtigkeit in die Wände eindringt.

Da sie nicht über viel Geld verfügt, hat die Familie einen großen Teil der Wohnung mit Möbeln vom Sperrmüll und aus Zeitungsannoncen eingerichtet. Dabei benutzen sie drei Zimmer als Schlafräume und den mit 15 Quadratmetern größten Raum als Wohnzimmer, in dem sich die Familie auch ständig aufhält, Gäste empfangen werden und für das sie sich unlängst eine neue »Wohnungsgarnitur« geleistet haben. Dazu zählt eine große Sitzecke aus Sesseln, ein massiver Eichentisch und ein Teppichboden. Darüber hinaus gibt es im Raum eine flache Kommode, in der die Kinder ihre Schulsachen unterbringen, einen Fernseher, ein Telefon und einen Radiokassettenrecorder. Für die Özgans ist dies das schönste Zimmer in ihrer Wohnung. Die drei anderen sind wesentlich einfacher eingerichtet. Dort stehen fünf Betten, einige Schränke und Stühle, zwei Schreibtische, und die Böden sind mit alten Teppichen ausgelegt. An allen Wänden kleben noch die Tapeten von den Vormietern.

In der Küche haben sie einen Geschirrschrank, einige Sitzgelegenheiten sowie einen alten Elektroherd und einen alten Kühlschrank aufgestellt. Für den Abwasch besitzen sie eine Aluminiumspüle, die sie vor kurzem gebraucht gekauft haben, und einen Warmwasserboiler. Zu den weiteren elektrischen Küchen- und Haushaltsgeräten gehören eine Kaffeemaschine, ein Pommes-frites-Siedetopf, ein Bügeleisen und eine mechanische Nähmaschine. Im Badezimmer befinden sich eine Wanne, ein Badeofen, ein Waschbecken und ein kleiner Toilettenschrank. Seit 1979 hat die Familie hier auch eine Waschmaschine aufgestellt, die sie von Eme geschenkt bekommen hat.

In jedem der Räume steht ein Kohle- oder Ölofen. Um Geld zu sparen, hat sich die Familie in den Wintermonaten daran gewöhnt, meistens nur das Wohnzimmer zu beheizen. Darüber hinaus sammeln der Vater und Alo in der Stadt Holz ein, das sie von Baustellen oder Sperrmüllplätzen mitnehmen. Die Mutter hackt es dann im Keller klein und verwendet es zum Anzünden der Öfen und zum Beheizen des Badeofens.

Sahhe gefällt die Wohnung nicht, weil sie zu alt und schlecht gebaut ist. Sie sagt: »Unser eigenes Haus in Tunceli ist viel schöner und größer.«

Ohne Kredite geht es nicht

Der Vater Musto kann den Lebensunterhalt seiner Familie nicht alleine durch seine Arbeit verdienen. Aber auch mit dem Kindergeld sind seine Einnahmen immer noch niedriger als seine Ausgaben. Er geht deswegen dazu über, sowohl kurzfristig kleinere Geldbeträge zu leihen als auch langfristig mit Krediten zu arbeiten.

Mitte der siebziger Jahre nimmt er einen Bankkredit über 10 000 DM auf, um davon zwei Grundstücke in Tunceli zu kaufen und dort ein Haus zu bauen, das später vermietet werden soll. Diesen Kredit hat er mittlerweile abbezahlt.

Als Durso längere Zeit kein BAföG erhält, muß der Vater erneut bei der Bank Geld leihen. Zwar ist nun das Haus in Tunceli vermietet, doch treffen die Zahlungen nur unregelmäßig in Mannheim ein und sind zudem relativ niedrig. Um seinen finanziellen Verpflichtungen nachzukommen und dabei noch genug zum Leben der Familie zu haben, schickt der Vater manchmal Alo und Fate in eine Gaststätte zum Arbeiten. Außerdem leiht er sich öfters von seinen verheirateten Kindern oder von kurdischen Verwandten Geld. »Damit ist unsere finanzielle Lage gesichert«, sagt Musto. Er hofft allerdings, bald ohne Kredite auskommen zu können.

Musto hat seit 1981 eine besser bezahlte Arbeit bei der US-Armee. Er ist jetzt nicht mehr Koch, sondern Heizer. Er arbeitet im Acht-Stunden-Schichtdienst und erhält dafür zwischen 1300 und 1400 DM Lohn. Zu seinen Aufgaben gehört es, Heizkessel von Asche zu säubern und sie zu beheizen. Das ist eine sehr schwere und schmutzige Arbeit. Außerdem ist es dabei sehr heiß. Musto glaubt jedoch, daß es ein sehr sicherer Arbeitsplatz ist und er als Heizer ein gutes Ansehen hat.

Alo und Fate werden, wie gesagt, von ihrem Vater oft an Wochenenden in eine Gaststätte geschickt, um dort als Aushilfskräfte in der Küche zu arbeiten. Hier sind auch Eme und ihr Mann und die Frau von Ousso beschäftigt. Alo und Fate arbeiten in verschiedenen Schichten und müssen häufig Überstunden leisten. Ihre Arbeit ist sehr hektisch und außerdem ist es sehr heiß, weil sie das Grillgerät bedienen müssen. Unabhängig von der jeweiligen Schicht bekommen sie 8,00 DM pro Stunde. Die Überstunden werden ihnen nicht bezahlt. An manchen Tagen müssen sie stündlich für den deutschen Chef abrufbereit sein. Ihnen bleibt nichts anderes übrig, als diese Beschäftigung zu akzeptieren. Sie fühlen sich einerseits unter dem Druck ihrer hier ebenfalls beschäftigten Angehörigen, zum anderen haben sie Angst, diese Arbeit zu verlieren. Beide müssen den ganzen Verdienst an ihren Vater abgeben.

Alo hat darüber hinaus andere Jobs gefunden, deren Geld er für sich selbst verwendet. Zunächst hat er einer deutschen Frau den Hof gekehrt und bekam dafür wöchentlich 4,00 DM. Bei einem seiner Lehrer, der gerade ein Haus baut, verdient er 5,00 DM pro Stunde.

Das Leben in Deutschland hat meine Familie kaputt gemacht

Die hierarchische Gliederung innerhalb der Familie Özgan hat sich bis heute im Kern erhalten. Der Vater Musto ist nach wie vor der »Chef«, und die weitere Rangfolge je nach Alter und Geschlecht besteht fort. Grundsätzlich wird auch die traditionelle Rollenverteilung zwischen Männern und Jungen auf der einen und Frauen und Mädchen auf der anderen Seite beibehalten. Vieles in der Familie ist nahezu unverändert geblieben. Der Vater besitzt bis heute das alleinige Entscheidungsrecht über alle Geldangelegenheiten. Die Mutter erzieht die Töchter zur Hausarbeit, damit deren zukünftige Ehemänner dies nicht zu machen brauchen. Die Anrede- und Ehrerbietungsformen der Jüngeren gegenüber den Älteren sind geblieben. So raucht Alo nicht in Gegenwart des Vaters.

Dies alles kann jedoch nicht darüber hinwegtäuschen, daß sich in den letzten Jahren viel in der Familie verändert hat. Grund dafür ist einerseits ihre langjährige Trennung und andererseits ihr heutiges Leben in einer Gesellschaft mit völlig anderen Normen und Gebräuchen. Der Vater beklagt sich, daß keines seiner Kinder mehr den Anweisungen der Mutter folgt. Auch auf ihn selbst höre niemand mehr richtig. Jeder mache etwas anderes. Manchmal sagen ihm seine Kinder direkt ins Gesicht: »Nein!« Er weiß dann nicht, was er machen soll. Seine Tochter Asme hat es zum Beispiel gewagt, neue Schuhe für sich zu fordern, mit der Begründung, er bekäme ja Kindergeld für sie. Musto erzählt: »Ich bin dann sehr ärgerlich und schreie sie an. Das nützt aber nichts. Ich gehe dann manchmal in eine Gaststätte und trinke Alkohol.« Er hat deswegen oft den Wunsch, in die Türkei zurückzukehren, wo die Kinder 40, 50 Jahre lang bei ihren Eltern leben und »der Vater der oberste Herr ist«. Musto glaubt, daß es daran liegt, daß er zu lange von seinen Kindern in Meşeyolu und Tunceli weg war und sie deswegen nicht »gut« erziehen konnte. Außerdem meint er: »Das Leben in Deutschland hat meine Familie kaputt gemacht. Meine Kinder werden hier schlecht beeinflußt.«

Die Mutter hat ihre Autorität gegenüber den älteren Kindern noch stärker eingebüßt als ihr Mann, weil sie weder Deutsch noch Türkisch spricht und überhaupt »viel nicht versteht«, wie sie sagt. Weil sie die meiste Zeit zu Hause bleiben muß, ist sie sehr von Mann und Kindern abhängig geworden. Auf ihre jüngeren Kinder und Fate hat sie allerdings noch einen relativ starken Einfluß in der Erziehung. Hierbei bemüht sie sich aber auch, sich auf die neue Umgebung einzustellen. So hat sie ihren Töchtern erlaubt, daß sie zum Schwimmen gehen dürfen, »weil das auch deutsche Mädchen machen«. Trotz ihrer eingeschränkten Autorität bringen doch alle Kinder ihr eine echte Zuneigung und Achtung entgegen, die dem Vater gegenüber nur äußerlich gezeigt werden.

Die Söhne stellen ebenso wie der Vater ein Abnehmen ihres Ansehens in der Familie fest. Sie beklagen, daß ihre Schwestern in der Bundesrepublik viel mehr machen dürfen. So »reden sie viel zu viel«, früher in Meşeyolu durften sie das nicht. Außerdem bemerken sie, daß ihre Schwestern ihnen in vielen Dingen widersprechen.

Aufgrund dessen kommt es in der Familie zu vielen Konflikten. Dabei berichten alle übereinstimmend, daß »sie hier viel mehr Streit haben als in Meşeyolu«. Zwar setzt sich meistens der jeweils Ältere gegenüber dem Jüngeren durch, aber häufig erst nach langen Auseinandersetzungen. Dies ist oft unter den Geschwistern der Fall.

Die älteren Söhne kritisieren den Vater mehrmals direkt, weil er in ihren Augen »schlecht« mit dem Geld der Familie umgeht. Sie glauben, es wäre besser, wenn er das Haus in Tunceli verkaufen würde, damit sie von diesem Geld hier ohne Schulden leben können. Der Vater läßt sich aber nicht beeinflussen. Ein Sohn sagt dazu: »Er ist halt zu alt, wir können ihn nicht mehr verändern.«

Die Kinder sprechen den Vater jetzt auch öfter daraufhin an, ihnen etwas Taschengeld zu geben oder neue Kleider zu kaufen. Manchmal gibt er ihnen dann nach. Dies wiederum erzeugt Streit zwischen Brüdern und Schwestern, weil die Jungen eher etwas zugesteckt bekommen als die Mädchen. Ähnliches passiert, wenn die Jungen ins Kino gehen dürfen, Fate und Asme dies aber verboten wird.

Insgesamt gesehen werden Forderungen und Wünsche innerhalb der Familie viel eher und direkter ausgesprochen, auch wenn sie letztlich nur selten erfüllt werden. Nur die Mutter hat dies in einem alten Streitfall mit ihrem Mann aufgegeben: Es geht um seine Frauengeschichten. Sie hat davon erfahren, daß ihr Mann 1973 eine deutsche Frau heiraten wollte und daß er heute immer noch mit Frauen zusammenkommt. Sahhe kann ohnehin nichts dagegen machen, hat aber beschlossen, sich nicht mehr darüber aufzuregen. Sie sagt: »Ich bin jetzt alt. Wenn mein Mann etwas machen will, dann soll er es ruhig machen. Mir ist das inzwischen egal.«

Da Musto häufig nach der Arbeit weg ist und wegen der Schichtarbeit oft früh schlafen geht, sind die Mutter und die Kinder meistens unter sich. Ihr enges und vertrautes Verhältnis hat sich aus der Meşeyolu- und Tunceli-Zeit erhalten. Sahhe hängt sehr an ihren Kindern. Sie sind hier in der Bundesrepublik ihr einziger Lebensinhalt geworden. Sie meint: »Wenn ich meine Kinder nicht mehr hätte, würde ich meinen Mann verlassen und nach Kurdistan gehen.«

Weniger bekommt die Familie von Eme und Ousso mit. Sie sind beide verheiratet und führen ihr eigenes Leben. Da sie aber in Mannheim nicht allzuweit von der elterlichen Wohnung entfernt wohnen, besuchen sie sich öfter. Schwierig ist dagegen der Kontakt zu Durso in Mainz. Manchmal vergehen Wochen, bis er mit der Familie telefoniert, oder Monate, bis sie sich besuchen können. Alle, bis auf die Mutter, haben sich auf dieses Leben in Trennung eingestellt. Sahhe versteht nur schwer, wie ihr Sohn alleine in einer anderen Stadt leben kann. Sie hat immer Angst um ihn, daß ihm vielleicht etwas zustoßen könnte. Außerdem belastet es sie, daß er selbst kochen und seine Wäsche waschen muß, weil dies nur Frauenarbeit ist.

Sahhe ist die letzte, die aufsteht

Alo, Fate, Asme und Hene stehen an Schultagen etwa um 7 Uhr auf. Sie waschen sich kurz, und die Mädchen bereiten das Frühstück vor. Sie trinken Tee und essen zum Fladenbrot, das die Mutter regelmäßig backt, Margarine, etwas Schafskäse und Oliven. Manchmal lassen sie das Frühstück auch ausfallen, wenn sie zu spät aufgestanden sind, und gehen dann so in die Schule. Zum Essen nehmen sie sich nichts mit. Sie bekommen auch nur selten etwas Taschengeld, um sich Brötchen oder Milch in der Schulpause kaufen zu können. Den Schulweg gehen sie zu Fuß, weil ihnen ihre Eltern kein Geld für den Bus geben können. Die Kinder brauchen dafür etwa eine halbe Stunde.

In dieser Zeit schläft die Mutter noch. Wenn ihr Mann in der Frühschicht arbeiten muß, hat er das Haus bereits um 4.30 Uhr verlassen. Zum Essen hat sie ihm am Vorabend ein Päckchen vorbereitet. Es besteht aus einem Hähnchen oder Brot mit Käse und einer Thermosflasche mit Tee, das er zur Arbeit mitnimmt.

Sahhe steht etwa um 9 Uhr auf. Sie schläft so lange, weil sie ohnehin den ganzen Vormittag allein in der Wohnung ist und es auch nicht viel Hausarbeit zu erledigen gibt. Sie langweilt sich in dieser Zeit sehr. Zunächst macht sie sich Frühstück und hört sich nebenbei etwas kurdische und türkische Musik vom Kassettenrecorder an.

Danach fegt sie den neuen Teppichboden des Wohnzimmers ab und bringt die Betten in Ordnung. Dann setzt sie sich ins Wohnzimmer und strickt für eines der Kinder eine Jacke. Manchmal geht sie auch ans Fenster und schaut den Leuten auf der Straße zu. Sahhe hat nicht viele Möglichkeiten, wie sie den Vormittag verbringen kann. Wenn sie kurdische Musik hört, muß sie oft an Meşeyolu und Tunceli denken.

Etwas verunsichert ist Sahhe, wenn das Telefon klingelt. Da sie nur Kurdisch spricht, nimmt sie den Telefonhörer häufig gar nicht erst ab. Seit kurzer Zeit hat sie jedoch damit begonnen, Türkisch zu lernen. Zu diesem Zweck hat sie sich von ihren Kindern eine Schulfibel geben lassen und sich von ihnen die Aussprache einiger türkischer Wörter erklären lassen. Diese wiederholt sie jetzt alleine.

Wenn Sahhe auf die Uhr schaut, weiß sie, daß ihre Kinder und ihr Mann zwischen 13.00 und 14.00 Uhr von der Schule und der Arbeit nach Hause kommen. Deshalb stellt sie sich bereits um 12.00 Uhr in die Küche und beginnt mit der Essensvorbereitung. Da ihr Mann nach der Arbeit etwas Warmes zu sich nehmen will, kocht sie eine Fleisch- oder Erbsensuppe nach kurdischen Rezepten. Außerdem bereitet sie Salat und Gemüse zu. Manchmal bringt ihr Mann auch Hähnchen oder Fisch mit nach Hause, die sie dann auf dem Herd brät. Zum Nachtisch bereitet sie etwas Joghurt vor. Dies geschieht allerdings nicht mehr oft, weil ihre Familie Geschmack an Früchten aus Konservendosen gefunden hat. Alles, was Sahhe übrigens für die Nahrungszubereitung und den Haushalt benötigt, wird von ihrem Mann oder den Kindern eingekauft.

Wenn ihre Familie zum Mittagessen nach Hause kommt, freut sich Sahhe sehr. Ihre Kinder erzählen ihr, was sie in der Schule erlebt haben, und ihr Mann unterhält sich auch etwas mit ihr. Danach essen sie in der Küche. In den Wintermonaten, wenn es sehr kalt ist, gehen sie jedoch dazu ins Wohnzimmer, weil die Küche nicht beheizt werden kann. Sahhe breitet dort Zeitungen auf dem Teppich aus und stellt das Essen darauf, um den neuen Eichentisch nicht zu beschmutzen.

Nach der Mahlzeit kümmern sich die Töchter um den Abwasch. Fate, Asme und Hene machen dies abwechselnd, weil sie alle keine große Lust dazu haben und die frühen Nachmittagsstunden ihre einzige freie Zeit am Tag sind.

Die kurze Freizeit verbringen die Mädchen meistens zu Hause. Fate und Asme haben nämlich keine Freundin, die sie jetzt besuchen könnten, und ansonsten gibt es nur wenig, was sie in der Stadt unternehmen könnten. Manchmal gehen sie durch die Ladenstraßen der Innenstadt und schauen sich die Auslagen an. Ihr Taschengeld reicht allerdings meistens nur für einige Süßigkeiten. Übrigens erlauben ihnen Mutter und Brüder nie, länger wegzubleiben. Sie müssen immer vorher sagen, wohin sie gehen und wann sie zurückkommen. Außerdem sollen sie grundsätzlich nie alleine unterwegs sein. Hene hat es etwas einfacher, weil sie seit einiger Zeit eine deutsche Schulfreundin hat und oft bei ihr ist. Dieses Mädchen besitzt auch Spielsachen, die es in der Familie Özgan nicht gibt. In der Wohnung der Eltern hören die Töchter Musik, lesen alte Comics, deutsche und türkische Bücher. Ab und zu spielen sie Mühle und Tavla. Die Spielbretter zeichnen sie sich auf Pappe und benutzen Bohnen als Spielsteine.

Manchmal gehen sie mit der Mutter spazieren. Diese will nämlich nicht mit dem Vater ausgehen, »weil er immer den deutschen Frauen auf der Straße nachschaut«. Für Sahhe ist das Spazierengehen die einzige Abwechslung am Tag. Sie freut sich jedesmal darauf und zieht sich deswegen auch extra ein »schönes« Kleid an. Zusammen bummeln sie dann durch die Stadt und besuchen bei dieser Gelegenheit auch häufig Eme in ihrer neuen Wohnung. Sie trinken dort zusammen Tee und unterhalten sich über irgendwelche Ereignisse. Eine besondere Attraktion ist für die Kinder, daß Eme einen Farbfernseher besitzt.

Alo ist demgegenüber sehr oft alleine außerhalb des Hauses. Er ist mit seinen Schulfreunden zusammen oder besucht verschiedene politische Veranstaltungen. Darüber hinaus ist er oft im türkischen Kulturzentrum der Stadt.

Der Vater ist den ganzen Nachmittag weg. Er macht Besorgungen, geht alleine spazieren oder besucht verschiedene Lokale. Außerdem kommt er mit Frauen zusammen, wie in seiner Familie erzählt wird.

Alle Kinder machen sich am frühen Nachmittag an ihre Schulaufgaben und an das zusätzliche »Deutschlernen«. Zu diesem Zweck bringen sie ihre Schulsachen in das Wohnzimmer, breiten ihre Bücher und Hefte auf dem großen Eichentisch aus und arbeiten hier nebeneinander. Obwohl das einige Schwierigkeiten mit sich bringt – manchmal fühlt sich der eine durch den anderen etwas gestört oder

der Platz auf dem Tisch reicht nicht aus, so daß die jüngeren Geschwister mit ihren Schularbeiten auf den Teppichboden ausweichen müssen –, bleiben sie doch meistens alle im gleichen Raum. Sie machen es deshalb, weil das Wohnzimmer der gemütlichste Raum in der Wohnung ist und weil sie noch aus Meşeyolu an das enge Zusammenleben gewöhnt sind.

Sie lernen entweder alleine oder fragen sich gegenseitig Vokabeln ab oder helfen sich bei schwierigen Hausaufgaben. Zu den wichtigsten Büchern auf dem Tisch gehört dabei das Türkisch-Deutsch-Lexikon. Es ist das einzige Wörterbuch, das sie besitzen. Da sie es oft während des Lernens gleichzeitig brauchen, kommt es manchmal deswegen zum Streit. Hierbei setzt sich grundsätzlich der Ältere durch.

Die Mutter sitzt meistens daneben und strickt, raucht oder trinkt Tee. Sie versteht aber nur ganz wenig von dem, was die Kinder hier untereinander reden. Sie sprechen nämlich hauptsächlich türkisch, und das, was sie lernen, ist ihr fremd.

Während die Kinder bis zum frühen Abend ihre Hausaufgaben erledigen, ist die Mutter inzwischen in der Küche mit dem Kneten von Brotteig beschäftigt. Sie stellt ihn auf die gleiche Weise her wie in Meşeyolu, nur daß sie jetzt die Brotfladen im Ofen backt.

Um 18.00 Uhr werden alle Arbeiten eingestellt, und alle treffen sich im Wohnzimmer, um hier türkische Nachrichten des WDR anzuhören. Auch der Vater kehrt hierfür rechtzeitig nach Hause zurück. Gerade die Älteren verfolgen gespannt die Berichterstattung über die politischen Ereignisse in der Türkei. Die wichtigsten Ausschnitte werden der Mutter übersetzt. Sie sind dabei sehr betroffen, wenn sie hören, daß wieder einmal Kurden oder Türken verhaftet und gefoltert worden sind oder daß die NATO oder EG wieder einmal Geld an die türkische Militär-Junta gezahlt haben. Die Älteren sprechen dann lange über die Nachrichten, und manchmal entspinnen sich heftige Diskussionen, die ihre unterschiedlichen politischen Vorstellungen zum Ausdruck bringen.

Im Anschluß daran lernen einige der Kinder weiter oder beschäftigen sich mit etwas anderem. Der Vater liest die türkische Zeitung »Hürriyet«, und die Mutter bereitet in der Küche das Abendessen vor. Wenn sie nicht ein zweites Mal warm kocht, bereitet sie Brot,

Margarine, Schafskäse, Oliven und rohes Gemüse vor. Dazu wird entweder Tee oder Coca Cola getrunken.

Da die Küche aber zu wenig Sitzgelegenheiten für alle bietet, essen sie nacheinander, zuerst die Eltern. Für sie ist es eine der wenigen Gelegenheiten des Tages, allein miteinander sprechen zu können.

Nach dem Abendbrot wird wiederum von den Mädchen der Abwasch gemacht, während die übrigen Familienmitglieder im Wohnzimmer fernsehen. Der Vater geht meistens früh schlafen, weil er am nächsten Morgen auch früh aufstehen muß. Für die Mutter und die Kinder ist das Fernsehen die Abendbeschäftigung. Sie machen es sich bequem und verhalten sich ungezwungen, weil der Vater nicht mehr da ist. Sie müssen allerdings leise sein, weil er im Nachbarzimmer schläft. Nun wird noch einmal Tee zubereitet und nebenher beim Fernsehen getrunken, und die Mutter und Alo rauchen einige Zigaretten.

Sie sehen sich unterschiedslos alle Fernsehfilme an. Auch Sahhe sieht gerne fern, obwohl sie nahezu nichts versteht. »Wenn irgend etwas Wichtiges passiert«, sagt Alo, »übersetzen wir es dann meiner Mutter.« Beschämt sind sie, wenn in Filmen Nacktszenen gezeigt werden. Sie schalten dann rasch auf ein anderes Programm um. Wenn aber Durso zu Besuch ist, ändert sich dies alles: Zunächst verbietet er der Familie, überhaupt fernzusehen, »weil sie davon noch ganz dumm werden«, wie er sagt. Die wenigen »guten« Programme werden dagegen eingeschaltet und von allen dann gesehen. Wenn dabei Nacktszenen vorkommen, werden auch sie angeschaut, weil Durso darauf besteht: »Das ist wichtig, wir müssen uns auch darüber informieren.« Die Mutter und die jüngeren Kinder beugen sich dem, obwohl sie sich schämen.

Um etwa 22 Uhr gehen Hene und Asme schlafen. Die Mutter, Alo und Fate sehen aber meistens noch fern oder nutzen die Gelegenheit, als »Ältere« allein über irgend etwas in der Familie oder über Politik zu reden. Dann gehen auch sie zu Bett.

Die Frage, wo wer schläft, ist genau geregelt. Sie sind nämlich sechs Personen und haben nur fünf Betten zur Verfügung. Im Zimmer des Vaters stehen zwei, im zweiten Schlafzimmer drei Betten, und im dritten liegt nur eine Matratze am Boden. Hier kann jemand allein schlafen. Dieses Vorrecht genießt Alo, weil er der älteste Sohn in der Wohnung ist.

Musto und Sahhe besuchen Tunceli

Im Frühjahr 1983 beschließen Musto und Sahhe, nach Tunceli zu reisen. Es wird eine Fahrt, die sie sowohl gefühlsmäßig als auch finanziell schwer belastet. Finanziell deswegen, weil die Reisekosten hoch sind und sie erst einen Teil gespart haben. So müssen sie wieder einmal von ihrem Onkel Geld leihen. Den Rest steuern die ältesten Kinder bei. Dann bezahlen sie die 2 000 DM für den Flug Frankfurt – Istanbul und den Bus nach Tunceli und machen sich auf die anderthalb Tage dauernde Heimreise.

Geschenke nehmen sie dieses Mal wenige mit, denn es ist eigentlich gar kein richtiger Urlaub. Neben Steuerangelegenheiten, die ihr Haus in Tunceli betreffen, wollen sie nämlich einen engen Verwandten ihrer Familie besuchen. Am Telefon haben sie bereits erfahren, daß er grausam gefoltert und jetzt endlich aus dem Gefängnis entlassen wurde. Dies ist der eigentliche Grund ihrer Reise. Beide haben Angst, aber das Gefühl, ihrem Verwandten beistehen und seiner Familie helfen zu müssen, ist stärker. Also fahren sie nach Tunceli.

Als Musto und Sahhe dort eintreffen, sind sie erschüttert, als sie ihren Verwandten sehen. Es ist ein Mann, etwa 40 Jahre alt, der früher kräftig und groß war. Als er ihnen jetzt gegenübertritt, können sie ihn kaum wiedererkennen. Er ist unheimlich abgemagert und körperlich gebrochen. Sie setzen sich zusammen, und der Mann erzählt seine Geschichte – ohne jegliches Schamgefühl, denn das ist ihm bei der grausamen Behandlung genommen worden.

Im Winter 1982 wurde er in Tunceli verhaftet und auf die Polizeistation der Innenstadt gebracht. Man warf ihm kurdische Propaganda vor und begann ihn sofort zu verhören. Gleichzeitig wurde seine ganze Familie, so auch seine zehnjährige Tochter, von der Polizei zwei Tage lang über ihn ausgefragt. Ergebnislos wurden diese Verhöre wieder abgebrochen und die Familie entlassen.

Aufgrund eines türkischen Gesetzes, nach dem Verdächtige 90 Tage lang ohne Anklageerhebung und ohne Kontakt zur Familie und Rechtsanwälten inhaftiert werden können, wurde er jedoch so lange auf der Polizeistation festgehalten. In den drei Monaten wurde er fast täglich mehrere Stunden gefoltert. Zu unterschiedlichen Tages- und Nachtzeiten schleppten ihn türkische Polizisten aus der Zelle, in der er mit anderen Gefangenen auf dem Erdboden liegen mußte, und brachten ihn zu speziellen Verhörräumen. Hier schlugen ihn die Beamten mit Holzknüppeln auf die bloßen Füße und zogen ihn anschließend mit dem Kopf nach unten an der Decke hoch. In dieser Stellung blieb er hängen, bis er bewußtlos wurde. An anderen Tagen wurde er nackt an Heizungsrohre gekettet und mit eiskaltem Wasser übergossen. Danach brachte man ihm an Armen und Beinen schwere Schnittverletzungen bei und streute Salz in die Wunden. Wieder andere Male schlug man ihm mit Metallstangen ein Loch in den Schädel. Außerdem wurde ihm eine Woche lang jegliche Nahrung verweigert.

Bei diesen Verhören bedrohten ihn die türkischen Polizisten ständig mit dem Tod, wenn er nicht Informationen über kurdische Fraktionen preisgeben würde. Er schwieg. Bei all den Folterungen war seine größte Angst, umgebracht zu werden, weil man in der gleichen Zeit einen seiner Bekannten, der ebenfalls wegen kurdischer Propaganda verdächtigt worden war, in einer Nachbarzelle ermordet hatte. Es war ein kurdischer Mann, den türkische Polizisten zu einem Wasserbecken der Polizeistation geschleppt hatten und ihn dort ertränkten. Zuvor hatte man ihm bei einem Verhör, bei dem auch seine Eltern anwesend sein mußten, beide Beine und Arme gebrochen und ihn zusammengeschlagen.

Nach drei Monaten Folter erhob man Anfang 1983 vor dem Gericht in Tunceli Anklage gegen ihn wegen kurdischer und kommunistischer Propaganda und verurteilte ihn zu zwei Monaten Gefängnis. Mit schweren Verletzungen am ganzen Körper wurde er anschließend von der Polizeistation in Tunceli nach Elazig gebracht, um dort seine Strafe abzusitzen. Er selbst war froh, nun in einem Gefängnis zu sein, weil man ihn hier nicht mehr folterte. Nach zwei Monaten kehrte er dann zu seiner Familie in Tunceli zurück. Der Mann hatte sich so stark verändert, daß ihn seine Nachbarn anfangs gar nicht mehr wiedererkannten.

Als Sahhe und Musto ihren Verwandten jetzt anschauen, hat er am Kopf, an Armen und Beinen große Narben. Außerdem fehlen ihm einige Zehen. Abgesehen davon wird dieser Mann aufgrund innerer Verletzungen niemals mehr selbst seinen Stuhlgang kontrollieren können.

Wenige Tage, nachdem Musto und Sahhe nach Mannheim zurückgekehrt sind, hören sie und ihre Kinder, daß ihr Verwandter über Nacht aus Tunceli geflohen ist und sich in einer größeren Stadt in der Türkei aufhält. Die Angst, erneut verhaftet und gefoltert zu werden, war zu groß. Er holte seine Familie nach und lebt heute unter einer Deckadresse in der Illegalität.

Wenn die Familie Özgan über dieses Ereignis spricht, dann vergißt sie all ihre eigenen Probleme. Alle sind ohnmächtig vor Wut und trauern. Sie begreifen nicht, daß es Deutsche gibt, die die Folter in der Türkei bestreiten und nichts dagegen tun. Sie begreifen nicht, daß die deutsche Regierung die Militär-Junta mit Waffen und Geldern unterstützt, wo doch in Türkisch-Kurdistan - aber nicht nur dort - gefoltert und gemordet wird.

Kurdistan, ich bin deine Zukunft

Es ist ein kalter Winternachmittag, als ich im Dezember 1983 bei den Özgans bin. Vater Musto spielt gerade mit seinem Schwager im Wohnzimmer Karten, und wir anderen haben uns in eines der Hinterzimmer zurückgezogen. Aus dem Kassettenrecorder ertönt kurdische Musik, und die beiden Jüngsten machen ihre Hausaufgaben. Asme liest dabei in ihrem türkischen Sozialkundebuch, das unter der neuen Militär-Junta erschienen ist, und Hene lernt Englisch. Mutter Sahhe sitzt auf dem Boden - vor sich einen Berg geschorener Schafwolle - und zupft sie zu Flocken. Später wird sie damit eine Bettdecke ausstopfen. Fate, Alo und ich sitzen neben ihr, trinken Tee und unterhalten uns. Wir reden, wie schon so oft, über die Bundesrepublik und Kurdistan.

»Weißt du«, sagt Fate, »seitdem ihr eure neue Regierung habt, ist es für uns schlimmer geworden. Früher haben wir zwar auch schon unter dem Ausländergesetz leben müssen«, sie weist dabei auf ein Bild von Hanefi Yeter* an der Wand - es zeigt türkische Gesichter, die

* Türkischer Maler, lebt in West-Berlin

mit einem roten »Aufenthaltserlaubnisstempel« überdruckt sind, »aber was nun alles passiert... Wir haben alle noch mehr Angst, ausgewiesen zu werden. Wir müssen immer vorsichtiger sein. Neulich gab es gerade wieder einen Bericht im Fernsehen über eine kurdische Familie in Hannover, die mit brutalen Methoden abgeschoben wurde.«

»Da gibt es aber noch die vielen anderen Sachen«, fährt Alo fort, »wie etwa, daß sie die BAföG-Gelder gestrichen haben, daß es immer weniger Sozialarbeiter für uns gibt, daß sie uns mit diesen Abfindungen loswerden wollen... und das mit den Asylbewerbern - der Kemal Altun hat doch deswegen Selbstmord begangen. Oder etwa eure Neonazis, die jetzt verstärkt auftreten. Unsere Verwandten in Köln begleiten jetzt ihre Tochter immer zur Schule, nachdem sie schon mehrmals angegriffen wurde.«

Fate: »Und was wir aus unserer Heimat erfahren müssen - es ist schwer, sich ein genaues Bild zu machen, da die türkischen Zeitungen und die türkischen Nachrichten von Radio Köln zensiert werden, aber was wir durch einige fortschrittliche Zeitungen und die Berichte von unseren Verwandten und Bekannten wissen - das ist furchtbar. Kenan Evren hat ...«

»Ya, ya«, unterbricht Sahhe, die mitbekommen hat, daß wir über die Militär-Junta sprechen, »Kenan Evren ... Kurdistan!« Sie macht eine zermalmende Handbewegung.

»Tausende von Verhaftungen«, sagt Fate weiter, »die Prozesse, die Folterungen ... Im Sommer haben wir erfahren, daß einer unserer Neffen, er ist 20 Jahre alt, am 1. Mai in Tunceli an einer Demonstration beteiligt war. Er wurde verhaftet und 40 Tage lang in der Kaserne unten in der Stadt gefoltert. Dann haben sie ihn zu fünfeinhalb Jahren verurteilt. Seitdem sitzt er im Militärgefängnis von Diyarbakir.«

»Das geht nun schon drei Jahre so in unserem Land«, ergänzt Alo, »es herrscht eine grausame Unterdrückung. Niemand wagt dort mehr, offen zu sprechen, und wenn, dann nur im engsten Familienkreis. Die Angst ist so groß ... und der lange Arm der türkischen Militärs reicht bis nach Deutschland. Die brauchen doch zum Beispiel nur festzustellen, daß irgendein Kurde, der heute hier lebt, früher einmal in der Türkei politisch tätig war. Dann verlängert das türkische Generalkonsulat einfach den Paß nicht mehr. Damit wird die deutsche Aufenthaltsberechtigung ungültig, und man wird in ein

Flugzeug gesetzt. Am Flughafen in Istanbul erwarten sie dich dann ...«

»Und hier in Deutschland interessiert sich niemand dafür«, sagt Fate. »Es heißt: Leute, die viel Brot haben, vergessen die Sorgen der anderen.«

»Aber davon sind nicht nur wir betroffen«, erwidert Alo. »Viele Deutsche kümmern sich auch nicht um Nicaragua oder El Salvador – dafür machen sie aber viel um Polen ... Das ist eine politische Sache: Die Türkei gehört doch zur NATO. Da wird doch eure oder die amerikanische Regierung die Militär-Junta nicht kritisieren – im Gegenteil. Sie schicken Waffen, und Zimmermann schüttelt den türkischen Generälen in Ankara noch die Hände! Was mit dem Volk passiert, das ist doch denen egal.«

Fate: »Auch in euren Zeitungen hab ich so etwas gefunden ... Zum Beispiel als türkische Truppen vor kurzem in den Nord-Irak einmarschiert sind, da verschweigen sie, daß dort die kurdische Bevölkerung grausam verfolgt wurde. Oder wenn es bei uns ein Erdbeben gibt, dann werden vom Deutschen Roten Kreuz Zelte und Medikamente hingeschickt. Daß diese Hilfsmittel aber von türkischen Soldaten einbehalten werden, wer erfährt davon schon? Ach, und dann diese Berichte über die Wahlen, mit denen die Demokratie in die Türkei zurückkommen soll! Was wäre, wenn bei euch in Deutschland neben den Wahlurnen Soldaten mit Maschinenpistolen stehen würden?«

»Weißt du«, sagt Alo, »als Kurden – hier in der Fremde – sitzen wir zwischen allen Stühlen. Für euch Deutsche sind wir Ausländer oder Türken, für die Türken sind wir die »aus dem Osten«, und für viele unserer Leute in Kurdistan sind wir die »Almancı« (die aus Deutschland kommen). Wir lieben unsere Heimat, aber es ist hart in der Fremde, in der Trennung. Viele verleugnen daher ihre Herkunft, vergessen sie vielleicht. Einmal haben sie natürlich Angst, meine Eltern zum Beispiel, daß einer von ihnen wieder ins Gefängnis muß. Dann gibt es solche wie meinen Bruder Ousso, denen gefällt das reiche Leben hier und die denken nur ans Geld. Wieder andere schämen sich, daß sie aus so großer Armut in Kurdistan kommen und ihre Muttersprache so schlecht sprechen – Kurdisch war ja immer verboten. Und dann die ganzen Schwierigkeiten im Alltag: keine

Freunde zu haben, ständige Geldsorgen, die Angst um den Arbeitsplatz ...«

»Wir geben aber trotzdem nicht auf«, setzt Fate entgegen. »Woher wir kommen, wie wir dort gelebt haben, das kann man einfach nicht auslöschen, das bleibt in unseren Gedanken wach. Und wenn ich daran denke, was mit unserem Volk heute in der Türkei passiert, dann kann ich die Schwierigkeiten hier viel leichter aushalten, dann gibt es mir einen Sinn, daß ich hier in der Fremde bin, viel lernen will, um später in unsere Heimat zurückzukehren und dort zu helfen. Es gibt hier auch einige kurdische Organisationen, von denen wir mehr über unsere Geschichte, unsere Kultur und unsere Sprache lernen. Aber es wird ein langer Weg werden, und wir selbst müssen uns auch verändern, zum Beispiel unsere Traditionen: so, wie wir als Mädchen und Frauen leben, haben wir kaum Freiheiten.«

»Was unsere Heimat angeht«, meint Alo, »so wird es sicher noch viele Jahre dauern, bis die Unterdrückung aufhört, bis wir dort endlich frei leben können. Aber das ist unser Ziel, das ist, worauf sich all unsere Hoffnung stützt.«

»Warte mal«, sagt Fate, »es gibt ein Lied, das mehr über uns erzählen kann. Zozan* singt es, sie kommt aus Urfa, einer Gegend, wo ein anderer Dialekt gesprochen wird als unserer, aber ich werde versuchen, es dir zu übersetzen. Es geht in etwa so:

... Mutter,
ich kann es nicht länger ertragen,
ich habe keine Träne mehr zu weinen
– zeig mir eine Lösung
für meinen Kummer und meine Sehnsucht
... für mein Kurdistan,
denn ich bin deine Zukunft.

* Kurdische Sängerin, die viele Lieder über ihr Volk machte. Sie lebt heute in der Bundesrepublik.

Lamuv Verlag

Martinstraße 7 · 5303 Bornheim 3

Ayşe und Devrim, zwei junge Türkinnen, die in West-Berlin leben, beschreiben ihr Leben, die Auseinandersetzungen mit ihrer Familie und ihre Erfahrungen als Ausländerinnen. Sie pendeln zwischen zwei Welten. Sie fragen sich: »Wo gehören wir hin?«

Ayşe und Devrim
Wo gehören wir hin?

141 Seiten, mit Abbildungen
Lamuv Taschenbuch 25
DM 9,80
ISBN 3-921521-73-4

Etwa 1,5 Mio. Türken leben in der Bundesrepublik. In ihrem Alltag müssen sie oft Anschuldigungen und Erniedrigungen erfahren. Sie haben etwas zu sagen: sie haben Schmerzen, Sympathien und Sehnsüchte.

Dursun Akçam
Deutsches Heim
Glück allein
Alaman Ocağı
Wie Türken Deutsche sehen
Deutsch – Türkisch

285 Seiten
DM 16,80
Lamuv Taschenbuch 15
ISBN 3-921521-44-0